Series Arubaans Arbeidsrecht

mr. L.D. Gomez

Arubaanse Arbeidswetgeving en Aanverwante Regelingen

Editie 2013

Samengesteld door:
mr. Lincoln D. Gomez
en
mr. C. Bryan A. Coffie
www.leydilabor.com

Een publicatie van de Gomez & Bikker Foundation

GOMEZ
& BIKKER
FOUNDATION

Uitgever: Gomez & Bikker Foundation
ISBN 978-99904-1-756-2

Voorwoord

Het is intussen wel ruim 15 jaar geleden toen ik de eerste editie van de bundel Arubaanse Arbeidswetgeving en Aanverwante Regelingen in handen kreeg. Toen was ik nog werkzaam in de hotelsector. Op de werkvloer was zowel management als personeel blij met de bundel. Opeens was de wetgeving voor ons allen meer toegankelijk dan voorheen. Wij konden meer zelf lezen en vinden in plaats van elkaar te vragen hoe het nou eigenlijk zat terwijl een eenduidig antwoord voorheen niet altijd te vinden was.

De wetgeving dient naast toegankelijk te zijn ook te voldoen aan de eisen die onze steeds meer complexe samenleving stelt. Dit laatste is ook de reden waarom ik mij heb ingespannen om gedurende mijn ambtsperiode deze wijzigingen door te voeren. Voor iedereen die hieraan heeft bijgedragen spreek ik mijn woord van dank. Ik meen met bescheiden trots te kunnen vaststellen dat de positie van de werknemers thans is verbeterd zonder af te doen aan de positie van de werkgevers.

Ik wens zowel de werkgevers en werknemers wijsheid toe bij de toepassing van de nieuwe wetgeving en vertrouw erop dat dit zodanig plaats zal vinden dat Aruba – en daarmee ook dus de hele samenleving - er beter van zal worden *after all Aruba ta di nos*!

Minister van Toerisme, Transport en Arbeid

Otmar E. Oduber, B.Sc.

Inhoudsopgave

Titel 7a: Burgerlijk Wetboek van Aruba

Vindplaats:

AB 1989 GT no. 100

Wijziging:

AB 1992 no. 78, no. 86; 1995 no. 49; 1998 no. 74; 2007 no. 73 (inwtr. 2007 no. 88); 2009 no. 75; 2013 no. 13, 2013 no. 20

ZEVENDE TITEL A

Van de overeenkomsten tot het verrichten van arbeid

EERSTE AFDELING

Algemene bepalingen

Artikel 1613
(vervallen AB 2009 no. 75)

Artikel 1613a

De arbeidsovereenkomst is de overeenkomst, waarbij de ene partij, de arbeider, zich verbindt, in dienst van de andere partij, de werkgever, tegen loon gedurende zekere tijd arbeid te verrichten.

Artikel 1613aa

1. Arbeid die ten behoeve van een ander tegen beloning door die ander gedurende drie opeenvolgende maanden, wekelijks ten minste twintig uren dan wel gedurende ten minste tachtig uren per maand wordt verricht, wordt gelijkgesteld met arbeid, verricht krachtens arbeidsovereenkomst, tenzij er geen gezagsverhouding wordt beoogd.

2. Indien een arbeidsovereenkomst ten minste drie maanden heeft geduurd, wordt de omvang van de bedongen arbeid in enige maand gelijkgesteld met de gemiddelde omvang van de arbeid per maand in de drie voorafgaande maanden.

Artikel 1613b

De aanneming van werk van stoffelijke aard is de overeenkomst, waarbij de ene partij, de aannemer, zich verbindt, voor de andere partij, de aanbesteder, tegen een bepaalde prijs een bepaald werk tot stand te brengen.

Artikel 1613c

1. Indien een overeenkomst de kenmerken bevat van een arbeidsovereenkomst en van enige andere soort van overeenkomst, zullen zowel de bepalingen betreffende de arbeidsovereenkomst, als die betreffende de andere soort van overeenkomst welker kenmerken zij mede bevat, van toepassing zijn; in geval van strijd tussen deze bepalingen zullen die der arbeidsovereenkomst van toepassing zijn.

2. Indien een aanneming van werk door meerdere soortgelijke overeenkomsten, zij het ook telkens met enige tussentijd, is gevolgd of indien het bij het aangaan van een aanneming van werk, blijkbaar in de bedoeling van partijen ligt meerdere dergelijke overeenkomsten aan te gaan, in dier voege, dat de verschillende aannemingen te zamen als een arbeidsovereenkomst kunnen worden beschouwd, zullen de bepalingen betreffende de arbeidsovereenkomst op deze overeenkomsten gezamenlijk en op elk harer afzonderlijk, met uitsluiting van de bepalingen der Zesde Afdeling van

deze titel van toepassing zijn. Is evenwel in een dergelijk geval de eerste overeenkomst bij wijze van proef aangegaan, dan zal deze geacht worden haar aard van aanneming van werk te hebben behouden en zullen de bepalingen der Zesde Afdeling op haar van toepassing zijn.

TWEEDE AFDELING

Van de arbeidsovereenkomst in het algemeen.

Artikel 1613d

Wanneer een arbeidsovereenkomst schriftelijk wordt aangegaan, zijn de kosten der akte en andere bijkomende onkosten ten laste van de werkgever.

Artikel 1613e

(vervallen)

Artikel 1613f

1. Een minderjarige is bekwaam als arbeider arbeidsovereenkomsten aan te gaan, indien hij daartoe door zijn wettelijke vertegenwoordiger, hetzij mondeling hetzij schriftelijk, is gemachtigd.

2. Een mondelinge machtiging kan slechts strekken tot het aangaan van een bepaalde arbeidsovereenkomst. Zij wordt verleend in tegenwoordigheid van de werkgever of van degene die namens deze handelt. Zij kan niet voorwaardelijk worden verleend.

3. Indien de machtiging schriftelijk is verleend, is de minderjarige verplicht haar ter hand te stellen aan de werkgever, die de minderjarige afschrift daarvan geeft en de machtiging bij het einde der dienstbetrekking aan de minderjarige of diens rechtverkrijgenden terug geeft.

4. Voor zover zulks niet door het stellen van bepaalde voorwaarden in de machtiging uitdrukkelijk is uitgesloten, staat de minderjarige in alles wat betrekking heeft op de arbeidsovereenkomst, door hem ingevolge de verleende machtiging aangegaan, met een meerderjarige gelijk, behoudens het bepaalde bij het derde lid van artikel 1614f. Echter kan hij niet in rechte verschijnen zonder bijstand van zijn wettelijke vertegenwoordiger, behalve wanneer de rechter gebleken is, dat de wettelijke vertegenwoordiger niet bij machte is zich te verklaren.

Artikel 1613g

Indien een daartoe niet bekwaam minderjarige een arbeidsovereenkomst heeft aangegaan en dient en gevolge gedurende vier weken zonder verzet van zijn wettelijke vertegenwoordiger in dienst van de werkgever arbeid heeft verricht, wordt hij geacht door die vertegenwoordiger mondeling tot het aangaan van die arbeidsovereenkomst gemachtigd te zijn geweest.

Artikel 1613h

1. Een beding dat de werkgever de bevoegdheid geeft een in de arbeidsovereenkomst voorkomende arbeidsvoorwaarde eenzijdig te wijzigen, is nietig.

2. Een beding dat de werkgever de bevoegdheid geeft de overeengekomen arbeidsomvang te verminderen, is nietig.

Artikel 1613i

1. Een door de werkgever vastgesteld reglement is voor de arbeider slechts verbindend, indien is voldaan aan de navolgende vereisten:

a. dat een volledig exemplaar van het reglement kosteloos door of vanwege de werkgever aan de arbeider is verstrekt;

b. dat volledig exemplaar van het reglement ter inzage voor een ieder is nedergelegd ter griffie van het gerecht in eerste aanleg;

c. dat een volledig exemplaar van het reglement in de Nederlandse taal en bovendien in het Papiaments gesteld op een voor de arbeider gemakkelijk toegankelijke plaats, zo mogelijk in het arbeidslokaal, zodanig opgehangen is en blijft, dat het duidelijk leesbaar is. De nederlegging en de inzage van het reglement ter griffie geschieden kosteloos.

2. Het reglement is eveneens slechts verbindend voor zover de inhoud niet in strijd is met de door de arbeider aangegane arbeidsovereenkomst.

3. Elk beding, strijdig met enige bepaling van dit artikel, is nietig.

Artikel 1613j

1. Indien gedurende de dienstbetrekking een reglement wordt vastgesteld of het bestaande wordt gewijzigd, is dit nieuwe of gewijzigde reglement voor de arbeider slechts verbindend, indien een volledig exemplaar van het ontwerp daarvan of van de ontworpen wijzigingen algemeen bekend is gemaakt zodanige tijd te voren, dat hij zich over de inhoud behoorlijk heeft kunnen beraden.

2. Indien de arbeider na vaststelling van het nieuwe of het gewijzigde reglement mededeelt, dat hij zich daarmede niet verenigt, wordt deze mededeling aangemerkt als een opzegging van de dienstbetrekking tegen de dag waarop het nieuwe of het gewijzigde reglement in werking zal treden. Is de tijd tussen de dag waarop het nieuwe of gewijzigde reglement door of vanwege de werkgever aan de arbeider is verstrekt, en die waarop het in werking zal treden, korter dan die gedurende welke de dienstbetrekking bij regelmatige beëindiging had behoren voort te duren, dan is de werkgever schadeplichtig.

3. Elk beding, strijdig met enige bepaling van dit artikel, is nietig.

Artikel 1613k

Een verklaring van de arbeider, waarbij hij zich verbindt zich met elk in de toekomst vastgesteld reglement of met elke toekomstige wijziging van een bestaand reglement te verenigen, is nietig.

Artikel 1613l

Van de bepalingen van het reglement kan alleen dan bij bijzondere overeenkomst worden afgeweken, indien deze schriftelijk is aangegaan.

Artikel 1613m

Ter berekening van het in geld vastgesteld loon per dag wordt, voor de toepassing van deze titel, de dag gesteld op tien uren, de week op zes dagen, de maand op vijfentwintig dagen en het jaar op driehonderd dagen. Is het loon, hetzij voor het geheel hetzij gedeeltelijk, op andere wijze dan naar tijdruimte vastgesteld, dan wordt als het in geld vastgesteld loon per dag aangenomen het gemiddeld loon des arbeiders, berekend over de laatste voorafgegane dertig werkdagen; bij gebreke van die maatstaf wordt als loon aangenomen het gebruikelijk loon voor de, wat aard, plaats en tijd betreft, meest nabij komende arbeid.

Artikel 1613n

Het loon van arbeiders welke niet bij de werkgever inwonen, mag niet anders worden vastgesteld dan in:

a. geld;

b. voedsel te nuttigen, alsmede verlichtingsmiddelen te gebruiken ter plaatse waar ze worden verstrekt;

c. kleding, door de arbeider bij de waarneming der dienstbetrekking te dragen;

d. een bepaalde hoeveelheid der voortbrengselen van het bedrijf waarin het loon verdiend wordt, of der grond- of hulpstoffen, in dat bedrijf gebruikt, een en ander voor zover die voortbrengselen of grond- of hulpstoffen, wat aard en hoeveelheid betreft, behoren tot de eerste levensbehoeften van de arbeider en zijn gezin, of als grond- of hulpstoffen, werktuigen of gereedschappen in het bedrijf des arbeiders worden gebezigd, en in ieder geval met uitsluiting van alcoholhoudende drank;

e. het gebruik van een aangewezen woning of lokaal, van een bepaald stuk grond of stalling voor een bepaald aantal naar de soort aangeduide dieren, toebehorende aan de arbeider of aan een der leden van zijn gezin, het gebruik van werktuigen of gereedschappen, alsmede onderhoud daarvan;

f. bepaalde werkzaamheden of diensten, door of voor rekening van de werkgever voor de arbeider te verrichten;

g. onderricht, door of vanwege de werkgever aan de arbeider te verstrekken.

Artikel 1613o

1. Indien bij overeenkomst of bij reglement geen bepaald loon is vastgesteld, heeft de arbeider aanspraak op zodanig loon als ten tijde van het sluiten der overeenkomst voor arbeid als de bedongene, ter plaatse waar deze moest worden verricht, gebruikelijk was.

2. Indien zodanig gebruik niet bestaat, wordt het loon met inachtneming der omstandigheden naar billijkheid bepaald.

Artikel 1613p

1. Voor zover het loon, anders dan volgens artikel 1613n geoorloofd is, is vastgesteld, wordt het op een bedrag in geld gewaardeerd en geacht vastgesteld te zijn op het vijfvoud van dit bedrag.

2. Het gehele loon dat dientengevolge verschuldigd zal zijn, zal echter het overeenkomstig de bepalingen van artikel 1613o berekende loon niet met meer dan een derde mogen overschrijden.

3. Elk beding, strijdig met enige bepaling van dit artikel, is nietig.

Artikel 1613q

1. Ongeoorloofd en nietig is elk beding tussen de werkgever of diens vertegenwoordiger en een arbeider, waarbij deze zich verbindt het loon of zijn overige inkomsten of een gedeelte daarvan op een bepaalde wijze te besteden, of zich zijn benodigdheden op een bepaalde plaats of bij een bepaalde persoon aan te schaffen.

2. Van deze bepalingen zijn uitgezonderd:

a. het beding waarbij de arbeider deelneemt in enig fonds waarvan bij landsbesluit is vastgesteld dat het voldoende waarborg van soliditeit biedt, of waarbij de arbeider toestemt, dat te zijnen behoeve een inlage in de Postspaarbank van Aruba wordt gestort;

b. ten aanzien van minderjarige arbeiders het beding, dat een gedeelte van het gedurende de minderjarigheid verdiend loon door de werkgever ten name van de arbeider zal worden geplaatst in de Postspaarbank van Aruba of in een fonds als onder a bedoeld, met bepaling, dat het door de arbeider eerst zal kunnen worden opgevorderd, wanneer hij zekere, niet hoger dan eenentwintig jaren te stellen, leeftijd zal hebben bereikt of uit anderen hoofde meerderjarig geworden is, of wanneer de rechter in eerste aanleg op verzoek van de wettelijke vertegenwoordiger en na verhoor of behoorlijke oproeping van de minderjarige en de werkgever tot de uitbetaling machtiging heeft verleend.

Artikel 1613r

1. Indien de arbeider ingevolge een ongeoorloofd en nietig beding als bedoeld bij artikel 1613q, met de werkgever enige overeenkomst heeft aangegaan, ontstaat daaruit generlei verbintenis. De arbeider is gerechtigd het reeds te dier zake op zijn loon in rekening geledene of door hem betaalde van de werkgever terug te vorderen, zonder gehouden te zijn tot teruggave van hetgeen hem ter voldoening aan de overeenkomst is verstrekt.

2. Niettemin is de rechter bevoegd, bij toewijzing van de vordering des arbeiders, de veroordeling te beperken tot zodanig bedrag als hem met het oog op de omstandigheden van het geval billijk zal voorkomen, doch uiterlijk tot de som waarop de door de arbeider gel eden schade door hem wordt gewaardeerd.

3. Heeft de arbeider ingevolge een ongeoorloofd en nietig beding als voormeld, met een ander dan de werkgever enige overeenkomst aangegaan, dan heeft hij het recht het bedrag van hetgeen hij uit dien hoofde betaald heeft of nog verschuldigd is, van de werkgever te vorderen. De bepaling van het tweede lid is ook ten deze van toepassing.

4. Ieder vorderingsrecht des arbeiders krachtens dit artikel vervalt na verloop van zes maanden.

Artikel 1613s

1. De werkgever kan slechts boete stellen op de overtreding van voorschriften van een reglement, indien die voorschriften bepaaldelijk zijn aangeduid en de boete in het reglement is aangegeven.

2. De overeenkomst waarbij boete wordt bedongen, wordt schriftelijk aangegaan.

3. De overeenkomst of het reglement, waarbij boete is bedongen, moet nauwkeurig de bestemming der boeten vermelden. Zij mogen noch onmiddellijk noch middellijk strekken tot persoonlijk voordeel van de werkgever zelf of van degene wie deze de bevoegdheid heeft verleend de arbeiders boete op te leggen.

4. Iedere boete, in een reglement of in een overeenkomst bedongen, moet op een bepaald bedrag gesteld zijn, uitgedrukt in de munt waarin het loon in geld is vastgesteld.

5. Binnen een week mag aan een arbeider geen hoger bedrag aan gezamenlijke boeten worden opgelegd dan zijn in geld vastgesteld loon voor een dag. Geen afzonderlijke boete mag hoger dan dit bedrag worden gesteld.

6. Elk beding, strijdig met enige bepaling van dit artikel, is nietig.

7. Het bepaalde in dit artikel en in artikel 1613t is mede van toepassing op een door de werkgever bedongen boete als bedoeld in de artikelen 91 tot en met 94 van Boek 6.

Artikel 1613t

1. De mogelijkheid een boete op te leggen laat onverlet het recht op schadevergoeding op grond van de wet. Echter mag de werkgever ter zake van een zelfde feit niet boete heffen en tevens schadevergoeding vorderen.

2. Elk beding, strijdig met de tweede volzin van het eerste lid, is nietig.

Artikel 1613u

1. Indien partijen een proeftijd overeenkomen, is deze voor beide partijen gelijk.

2. De proeftijd wordt schriftelijk overeengekomen.

3. Elk beding waarbij de proeftijd niet voor beide partijen gelijk is dan wel op langer dan twee maanden wordt gesteld, alsmede elk beding waarbij door het aangaan van een nieuwe proeftijd de gezamenlijke proeftijden langer dan twee maanden worden, is nietig.

Artikel 1613v

1. Een beding tussen de werkgever en de arbeider, waarbij deze laatste beperkt wordt in zijn bevoegdheid om na het einde der dienstbetrekking op zekere wijze werkzaam te zijn, is slechts geldig, indien het bij schriftelijk aangegane overeenkomst of bij reglement met een meerderjarige arbeider is tot stand gekomen.

2. De rechter kan, hetzij op de vordering van de arbeider hetzij ingevolge diens daartoe strekkend verweer in een geding, zulk een beding geheel of gedeeltelijk te niet doen op grond dat, in verhouding tot het te beschermen belang des werkgevers, de arbeider door dat beding onbillijk wordt benadeeld.

3. Aan een beding als in het eerste lid bedoeld, kan de werkgever geen rechten ontlenen, indien hij wegens de wijze waarop de dienstbetrekking is beëindigd, schadeplichtig is geworden.

4. Indien door de werkgever van de arbeider een schadevergoeding is bedongen voor het geval, dat deze in strijd handelt met een beding als in het eerste lid bedoeld, zal de rechter steeds bevoegd zijn de schadevergoeding op een kleinere som te bepalen, zo de bedongene hem bovenmatig voorkomt.

5. Indien een beding als in het eerste lid bedoeld, de arbeider in belangrijke mate belemmert om anders dan in dienst van de werkgever werkzaam te zijn, kan de rechter steeds bepalen, dat de werkgever voor de duur der beperking aan de arbeider een vergoeding moet betalen. De

rechter stelt de hoogte van deze vergoeding met het oog op de omstandigheden van het geval naar billijkheid vast; hij kan toestaan, dat de vergoeding op de door hem te bepalen wijze in termijnen wordt betaald. De vergoeding is niet verschuldigd, indien de arbeider wegens de wijze waarop de dienstbetrekking is beëindigd, schadeplichtig is geworden.

Artikel 1613w

Alle akten en geschriften betreffende het aangaan, wijzigen of eindigen van arbeidsovereenkomsten, benevens alle stukken die door de werkgever en de arbeider of hun wettelijke vertegenwoordigers te zamen of ieder afzonderlijk, hetzij in onderhandse vorm hetzij ten overstaan van een openbare ambtenaar, zonder medewerking van derden ter uitvoering van de arbeidsovereenkomst worden opgemaakt, zijn vrij van zegel en van de formaliteit van registratie of worden, indien deze formaliteit wordt gewenst, kosteloos geregistreerd.

Artikel 1613x

1. Een arbeidsovereenkomst voor bepaalde tijd wordt schriftelijk aangegaan.

2. Een arbeidsovereenkomst kan slechts voor bepaalde tijd worden aangegaan indien deze:

a. noodzakelijk is om te voorzien in een behoefte aan tijdelijke arbeidskrachten, welke behoefte slechts in een gedeelte van het kalenderjaar bestaat en voortvloeit uit de toename van de bedrijvigheid in de onderneming gedurende die periode, hetzij

b. betrekking heeft op de vervanging van een of meer tijdelijk afwezige arbeiders, hetzij

c. betrekking heeft op de uitvoering van een nauwkeurig omschreven werk of project, hetzij

d. betrekking heeft op het verrichten van losse, ongeregelde arbeid

3. Indien een arbeidsovereenkomst voor bepaalde tijd is aangegaan zonder inachtneming van het eerste of tweede lid, zijn daarop de bepalingen inzake de beëindiging van een arbeidsovereenkomst voor onbepaalde tijd van toepassing.

4. Onverminderd het derde lid kan de rechter aan de werknemer een door de werkgever te betalen, naar billijkheid te bepalen schadevergoeding toekennen, indien dit artikel niet in acht is genomen.

5. Het eerste tot en met het vierde lid staat niet in de weg aan de geldigheid van een beding, inhoudende dat de arbeidsovereenkomst van rechtswege eindigt bij het bereiken door de werknemer van een pensioenleeftijd, behoudens indien het recht op ouderdomspensioen is opgeschort op grond van artikel 8a, eerste lid, van de Landsverordening algemene ouderdomsverzekering (AB 1990 no. GT 33), in welker geval de pensioenleeftijd pas geacht wordt te zijn bereikt met ingang van de dag waarop voor de betrokkene de opschorting van het recht op ouderdomspensioen is geëindigd.

6. Het eerste tot en met het vierde lid staat niet in de weg aan de geldigheid van een arbeidsovereenkomst voor bepaalde tijd die wordt aangegaan nadat de werknemer een pensioenleeftijd heeft bereikt.

Artikel 1613y

1. De bepalingen van deze titel zijn niet van toepassing op de arbeidsovereenkomst tussen de rederij en de schipper en op die tussen de schipper en de scheepsofficieren en scheepsgezellen.

2. Zij zijn voorts niet van toepassing ten aanzien van personen in dienst van de overheid, ten ware zij, hetzij voor of bij de aanvang der dienstbetrekking door of namens partijen hetzij bij wettelijke regeling van toepassing zijn verklaard. Indien zij wel van toepassing zijn verklaard wordt de overheid ten aanzien van die bepalingen als werkgever beschouwd.

DERDE AFDELING

Van de verplichtingen des werkgevers

Artikel 1614

De werkgever is verplicht de arbeider zijn loon op de bepaalde tijd te voldoen.

Artikel 1614a

Het loon, naar tijdruimte vastgesteld, is verschuldigd van het tijdstip waarop de arbeider in dienst is getreden, tot dat van het einde der dienstbetrekking.

Artikel 1614b

Geen loon is verschuldigd voor de tijd, gedurende welke de arbeider de bedongen arbeid niet heeft verricht.

Artikel 1614c

1. De werknemer behoudt het recht op het naar tijdruimte vastgestelde loon indien hij de overeengekomen arbeid niet heeft verricht door een oorzaak die in redelijkheid voor rekening van de werkgever behoort te komen.

2. Indien het loon in geld op andere wijze dan naar tijdruimte is vastgesteld, is dit artikel van overeenkomstige toepassing, met dien verstande dat als loon wordt beschouwd het gemiddelde loon dat de werknemer, wanneer hij niet verhinderd was geweest, gedurende die tijd had kunnen verdienen.

3. Het loon wordt echter verminderd met het bedrag van de onkosten die de werknemer zich door het niet verrichten van de arbeid heeft bespaard.

4. Eveneens behoudt de werknemer zijn aanspraak op het naar tijdruimte vastgesteld loon voor een korte tijd, naar billijkheid te berekenen, wanneer hij, hetzij ten gevolge van de vervulling van een door wettelijke regeling of overheid, zonder geldelijke vergoeding, opgelegde verplichting die niet in zijn vrije tijd kon geschieden, hetzij ten gevolge van bijzondere, buiten zijn schuld ontstane, omstandigheden, verhinderd is geweest zijn arbeid te verrichten.

5. Tot de bijzondere omstandigheden, bedoeld in het vierde lid, worden gerekend de bevalling van de echtgenote van de werknemer zomede het overlijden en de begrafenis van een zijner huisgenoten of van een zijner bloed- of aanverwanten, in de rechte linie onbepaald en in de tweede graad der zijlinie. Evenzo wordt tot de vervulling van een door een wettelijke regeling of overheid opgelegde verplichting gerekend de uitoefening der kiesbevoegdheid.

6. Van het eerste tot en met het vijfde lid kan niet ten nadele van de werknemer worden afgeweken.

7. Onverminderd het gestelde in het vorige lid kan van het eerste lid slechts bij schriftelijke overeenkomst, collectieve arbeidsovereenkomst of reglement ten nadele van de werknemer worden afgeweken indien het schorsing van de werknemer betreft.

Artikel 1614ca

1. Onverminderd artikel 1614c heeft een vrouwelijke arbeider recht op verlof, zwangerschaps- en bevallingsverlof genaamd, met behoud van het volledige loon in het geval van het niet verrichten van arbeid gedurende een vooraf vastgestelde periode wegens zwangerschap en bevalling.

2. De periode, bedoeld in het eerste lid, bedraagt ten minste vier en ten hoogste zes aaneengesloten weken vóór de bevallingsdatum, en ten minste zes en ten hoogste acht aaneengesloten weken na deze bevallingsdatum, en bedraagt in totaal steeds maximaal 12 weken.

3. Indien de bevalling heeft plaatsgevonden gedurende het zwangerschapsverlof, eindigt het zwangerschapsverlof op de dag van de bevalling en vangt het bevallingsverlof op dezelfde dag aan; in dat geval bedraagt het bevallingsverlof twaalf aaneengesloten weken, verminderd met het aantal weken dat reeds genoten is aan zwangerschapsverlof.

4. De vrouwelijke arbeider meldt het voornemen om het zwangerschaps- en bevallingsverlof op te nemen ten minste twee maanden voor het tijdstip van ingang van het verlof schriftelijk aan de werkgever onder opgave van de duur van het verlof en de door een arts of verloskundige vastgestelde

bevallingsdatum. De werkgever is verplicht in te stemmen met een verzoek om zwangerschaps- en bevallingsverlof.

5. Van het eerste tot en met vierde lid kan niet ten nadele van de vrouw worden afgeweken.

Artikel 1614cb

1. De vrouwelijke arbeider die een borstkind voedt, heeft, indien zij de werkgever hiervan in kennis heeft gesteld, gedurende de eerste 9 levensmaanden van dat kind het recht de arbeid te onderbreken ten einde in de nodige rust en afzondering haar kind te zogen dan wel de borstvoeding te kolven. De werkgever biedt haar daartoe de gelegenheid en stelt, indien nodig, een geschikte af te sluiten besloten ruimte ter beschikking.

2. De onderbrekingen, bedoeld in het eerste lid, vinden plaats zo vaak en zo lang als nodig is, doch niet meer dan een vierde van de overeengekomen dagelijkse arbeidstijd. De vaststelling van het tijdstip en de duur van de onderbrekingen vindt plaats door de betrokken vrouwelijke arbeider na overleg met de werkgever.

3. Gedurende de onderbrekingen behoudt de vrouwelijke arbeider haar aanspraak op loon.

4. Elk beding waarbij ten nadele van de vrouwelijke arbeider wordt afgeweken van het eerste tot en met derde lid, is nietig.

Artikel 1614cd

1. Na de bevalling van zijn echtgenote of vrouw met wie hij duurzaam samenleeft als ware hij gehuwd, heeft de mannelijke werknemer, onverminderd artikel 1614c, gedurende een tijdvak van vier weken recht op verlof met behoud van loon voor twee dagen waarop hij arbeid pleegt te verrichten. Het recht bestaat vanaf de eerste dag dat het kind feitelijk op hetzelfde adres als de moeder woont.

2. Van het eerste lid kan niet ten nadele van de werknemer worden afgeweken.

Artikel 1614d

1. Indien de werknemer de overeengekomen arbeid niet heeft verricht omdat hij in verband met ongeschiktheid ten gevolge van ziekte of ongeval daartoe verhinderd was, behoudt hij zijn recht op het naar tijdruimte vastgestelde loon voor een betrekkelijk korte tijd, doch ten minste voor een periode van zes weken.

2. Komt hem in zodanig geval krachtens de ziekte- of ongevallenverzekering of krachtens enige verzekering of uit enig fonds waarin de deelneming is bedongen bij of voortvloeit uit de arbeidsovereenkomst, een geldelijke vergoeding of uitkering toe, dan wordt het loon verminderd met het bedrag van die vergoeding of uitkering.

3. De werknemer heeft de in het eerste lid bedoelde aanspraak niet:

a. indien de ziekte door zijn opzet is veroorzaakt of het gevolg is van een lichaamsgebrek waaromtrent hij bij het aangaan der overeenkomst de werkgever opzettelijk valse inlichtingen heeft gegeven;

b. indien hij de door de werkgever schriftelijk gegeven redelijke voorschriften omtrent ziektemelding niet opvolgt;

c. indien hij zich schuldig maakt aan gedragingen waardoor zijn genezing wordt belemmerd.

4. Onkosten in verband met doktersbezoeken ter vaststelling van de arbeidsongeschiktheid van de werknemer komen voor rekening van de werkgever voor zover een dergelijk doktersbezoek door de werkgever is vereist.

5. Voor de toepassing van het eerste en vierde lid worden perioden, waarin de werknemer in verband met ongeschiktheid ten gevolge van ziekte of ongeval verhinderd is geweest zijn arbeid te verrichten, samengeteld indien zij elkaar met een onderbreking van minder dan vier weken opvolgen, tenzij de ongeschiktheid redelijkerwijs niet geacht kan worden voort te vloeien uit dezelfde oorzaak.

6. Van het eerste tot en met het vijfde lid kan niet ten nadele van de werknemer worden afgeweken.

Artikel 1614da

1. Indien een arbeidsomvang van minder dan 15 uur per week is overeengekomen en de tijdstippen waarop de arbeid moet worden verricht niet zijn vastgelegd, dan wel indien de omvang van de arbeid niet of niet eenduidig is vastgelegd, heeft de werknemer voor iedere periode van minder dan drie uur waarin hij arbeid heeft verricht, recht op het loon waarop hij aanspraak zou hebben indien hij drie uur arbeid zou hebben verricht.

2. Van het eerste lid kan niet ten nadele van de werknemer worden afgeweken.

Artikel 1614e

1. Bestaat het loon voor het geheel of voor een gedeelte in een bedrag dat afhankelijk is gesteld van enig gegeven dat uit de administratie van de werkgever moet kunnen blijken, dan heeft de arbeider het recht van de werkgever mededeling te verlangen van zodanige bewijsstukken als voor hem nodig zijn om tot de kennis van dat gegeven te geraken.

2. Bij schriftelijk aangegane overeenkomst of bij reglement kan worden bepaald, dat mededeling van de genoemde bewijsstukken, in plaats van aan iedere arbeider afzonderlijk, zal geschieden aan een bepaald aantal arbeiders in dienst van de werkgever of aan een of meer deskundigen in zake boekhouding, allen door de arbeiders bij de schriftelijke keuze aan te wijzen.

3. De mededeling van de bewijsstukken door of vanwege de werkgever geschiedt desverlangd onder uitdrukkelijke verplichting van geheimhouding door de arbeider of degene die hem overeenkomstig het tweede lid vervangt; deze kan echter nimmer tot geheimhouding tegenover de arbeider worden verplicht.

4. De verplichting tot geheimhouding is voor zover nodig opgeheven, indien de opgave in rechte wordt betwist.

5. Voor zover het gegeven, in het eerste lid bedoeld, betreft de winst, in des werkgevers onderneming of een deel daarvan behaald, kan van de bepalingen van het eerste lid bij schriftelijk aangegane overeenkomst of bij reglement, ook op andere wijze dan in het tweede lid omschreven, worden afgeweken.

Artikel 1614f

1. Een volmacht tot de vordering van loon wordt schriftelijk verleend.

2. Indien in de in artikel 1613f genoemde schriftelijke machtiging de voorwaarde is opgenomen, dat het in geld vastgesteld loon, geheel of gedeeltelijk, instede van aan de minderjarige aan de wettelijke vertegenwoordiger zelf moet worden voldaan, wordt deze ten opzichte van de voldoening van het loon of van het gedeelte hetwelk hem moet worden voldaan, als de arbeider aangemerkt.

3. Ook indien geen zodanige voorwaarde in de machtiging is opgenomen, wordt het aan de minderjarige verschuldigd, in geld vastgesteld,loon aan de wettelijke vertegenwoordiger

voldaan, wanneer deze zich tegen de voldoening aan de minderjarige schriftelijk verzet.

4. In andere gevallen dan die, bedoeld in het tweede en het derde lid van dit artikel, is de werkgever door betaling aan de minderjarige behoorlijk gekweten.

5. Voldoening aan derden, in strijd met de bepalingen van dit artikel of artikel 1614g, is nietig.

Artikel 1614g

1. Beslag onder de werkgever op het door deze aan de arbeider verschuldigd loon is niet verder geldig dan tot een derde gedeelte van het in geld vastgesteld loon. Generlei beperking geldt, indien het beslag dient tot verhaal van onderhoud waarop hij te wiens behoeve het beslag gelegd wordt, volgens de wet aanspraak heeft.

2. Overdracht, inpandgeving of elke andere handeling waardoor de arbeider enig recht op zijn loon aan een derde toekent, is slechts in zover geldig als een beslag op zijn loon geldig zoude zijn.

3. Volmacht tot invordering van het loon, onder welke vorm of welke benaming ook door de arbeider verleend, is steeds herroepelijk.

4. Elk beding, strijdig met enige bepaling van dit artikel, is nietig.

Artikel 1614h

1. De voldoening van het in geld vastgesteld loon geschiedt in wettig betaalmiddel van Aruba of met toepassing van artikel 114, eerste lid, van Boek 6, met dien verstande dat in buitenlands geld vastgesteld loon zal worden berekend naar de koers van dag en plaats der betaling, of, indien aldaar geen koers bestaat, naar die der naastbij gelegen handelsplaats waar een koers bestaat.

2. Wanneer met de berekening van het in geld van een vreemd rijk vastgesteld loon enige dagen voor de betaling ervan een aanvang wordt gemaakt, zal kunnen gelden de koers van de dag waarop de berekening geschiedt.

Artikel 1614i

De voldoening van het loon, voor zover het in andere bestanddelen dan geld is vastgesteld, geschiedt volgens hetgeen bij overeenkomst of reglement is bedongen, of in het geval, bedoeld in artikel 1613p, naar de daar gestelde regelen.

Artikel 1614j

1. Voldoening van het loon, voor zover zij anders heeft plaats gehad dan bij de artikelen 1614h en 1614i is bepaald, is nietig. De arbeider behoudt het recht van de werkgever het verschuldigde loon te vorderen, zonder gehouden te zijn hem het bij de nietige voldoening ontvangene terug te geven.

2. Niettemin is de rechter bevoegd, bij toewijzing van de vordering des arbeiders, de veroordeling te beperken tot zodanig bedrag als hem met het oog op de omstandigheden van het geval billijk zal voorkomen, doch uiterlijk tot de som waarop de door de arbeider geleden schade door hem wordt gewaardeerd.

3. Ieder vorderingsrecht des arbeiders krachtens dit artikel vervalt na verloop van zes maanden.

Artikel 1614k

Indien de plaats der voldoening van het loon niet bij overeenkomst of reglement of door het gebruik is bepaald of het loon met toepassing van artikel 114, eerste lid, van Boek 6 betaald wordt, geschiedt de voldoening, hetzij ter plaatse waar de arbeid in de regel wordt verricht, hetzij ten Kantore des werkgevers hetzij aan de woning des arbeiders, ter keuze van de werkgever.

Artikel 1614l

1. De uitbetaling van het in geld naar tijdruimte vastgesteld loon zal geschieden als volgt:

- indien het loon bij de week of bij kortere tijdruimte is vastgesteld, telkens na een week;
- indien het loon is vastgesteld bij een tijdruimte, langer dan een week, doch korter dan een maand, telkens na verloop van de tijd waarbij het loon vastgesteld is;

- indien het loon bij de maand is vastgesteld, telkens na een maand;

- indien het loon bij langere tijdruimte dan een maand is vastgesteld, telkens na een kwartaal.

2. De uitbetalingstermijnen, bij dit artikel vastgesteld, zullen door partijen met onderling goedvinden steeds mogen worden ingekort.

3. De uitbetalingstermijnen mogen niet dan na toestemming bij landsbesluit worden verlengd, terwijl deze toestemming te allen tijde kan worden ingetrokken.

Artikel 1614m

De uitbetaling van het in geld doch niet naar tijdruimte vastgesteld loon zal geschieden met inachtneming van de bepalingen van artikel 1614l, met dien verstande dat dit loon geacht zal worden te zijn vastgesteld bij de tijdsruimte waarbij het loon gewoonlijk wordt vastgesteld voor de arbeid welke ten aanzien van aard, plaats en tijd het meest nabij komt aan de arbeid waarvoor het loon verschuldigd is.

Artikel 1614n

1. Voor zover het in geld vastgesteld loon bestaat in een bedrag dat afhankelijk is gesteld van enig gegeven dat uit de administratie van de werkgever moet kunnen blijken, zal de uitbetaling telkens geschieden, wanneer het bedrag van dat loon kan worden bepaald, met dien verstande dat de uitbetaling ten minste eenmaal per jaar zal geschieden.

2. Voor zover het gegeven in het eerste lid bedoeld betreft de winst, in des werkgevers onderneming of een deel daarvan behaald, en de aard van het bedrijf of het gebruik medebrengt, dat deze winst eerst na langer tijdsverloop dan een jaar wordt bepaald, kan bij schriftelijk aangegane overeenkomst of bij reglement worden bedongen, dat de uitbetaling telkens na die bepaling zal geschieden.

Artikel 1614o

Indien het loon in geld voor een gedeelte naar tijdruimte, voor een ander gedeelte op andere wijze, ofwel indien het loon in gedeelten naar meerdere verschillende tijdruimten is vastgesteld, zullen voor ieder van die gedeelten de voorschriften der artikelen 16141 tot en met 1614n van toepassing zijn.

Artikel 1614p

1. Bij iedere uitbetaling zal het gehele bedrag van het verschuldigde loon worden voldaan.

2. Echter kan ten aanzien van het in geld, doch afhankelijk van de uitkomsten van de te verrichten arbeid vastgesteld loon bij schriftelijk aangegane overeenkomst of bij reglement worden bedongen, dat telkens, behoudens definitieve afrekening op de eerste betaaldag waarop daartoe de mogelijkheid zal bestaan, zal worden uitbetaald een zeker gedeelte van het loon, bedragende ten minste drie vierden van het gebruikelijk loon voor de, wat aard, plaats en tijd betreft, meest nabij komende arbeid.

Artikel 1614pa

1. De werkgever is verplicht bij elke voldoening van het in geld vastgestelde loon de werknemer een schriftelijke opgave te verstrekken van het loonbedrag, van de bedragen waaruit dit is samengesteld en van de bedragen die op het loonbedrag zijn ingehouden.

2. De opgave vermeldt voorts de naam van de werkgever en van de werknemer, de termijn waarover het loon is berekend, alsmede de overeengekomen arbeidsduur.

3. Van het eerste en tweede lid kan niet ten nadele van de werknemer worden afgeweken.

Artikel 1614q

Voor zover het in geld vastgesteld loon of het gedeelte daarvan dat overblijft na aftrek van hetgeen door de werkgever niet behoeft te worden uitbetaald, en na aftrek van hetgeen waarop derden overeenkomstig de bepalingen van deze titel rechten doen gelden, niet wordt uitbetaald uiterlijk de achtste werkdag na die waarop ingevolge de artikelen 16141, 1614m en 16140 de betaling had moeten geschieden, heeft de arbeider, indien deze niet-betaling aan de werkgever is toe te schrijven, aanspraak op een verhoging wegens de vertraging, welke voor de negende tot en met de twaalfde werkdag bedraagt vijf ten honderd per dag en voor elke volgende dag een ten honderd, met dien verstande dat de verhoging wegens vertraging in geen geval de helft van het verschuldigd bedrag zal te boven gaan. Niettemin is de rechter bevoegd de verhoging te beperken tot zodanig bedrag als hem met het oog op de omstandigheden van het geval billijk zal voorkomen.

Artikel 1614r

1. Behalve bij het eindigen der dienstbetrekking, is verrekening door de werkgever van zijn schuld tot uitbetaling van het loon alleen toegelaten met de volgende vorderingen op de arbeider:

a. de door hem aan de werkgever verschuldigde schadevergoeding;

b. de boeten, door hem volgens artikel 1613s aan de werkgever verschuldigd, mits door deze een schriftelijk bewijs worde afgegeven, vermeldende het bedrag van iedere boete, alsmede de tijd waarop en de reden waarom zij is opgelegd, met opgave van de overtreden bepaling van het reglement of van de schriftelijk aangegane overeenkomst;

c. de bijdrage tot een fonds of de inlage in de Postspaarbank van Aruba door de werkgever overeenkomstig artikel 1613q, tweede lid, onderdelen a en b, ten behoeve van de arbeider gestort;

d. de huurprijs van een woning, een lokaal, een stuk grond of van werktuigen of gereedschappen, door de arbeider in eigen bedrijf gebruikt, welke door de werkgever bij schriftelijk aangegane overeenkomst aan de arbeider zijn verhuurd;

e. de koopprijs van gewone en dagelijkse benodigdheden der huishouding, daaronder niet begrepen alcoholhoudende drank, alsmede van grond- of hulpstoffen door de arbeider in eigen bedrijf gebruikt, een en ander door de werkgever aan de arbeider geleverd, mits van die levering blijke uit een schriftelijke, door de arbeider afgegeven verklaring, vermeldende de oorzaak en het bedrag der schuld, en mits de werkgever niet meer berekene dan de kostende prijs en die prijs niet hoger zij dan die waarvoor de arbeider zich die benodigdheden der huishouding, grond- of hulpstoffen elders zoude kunnen aanschaffen;

f. de voorschotten op het loon, door de werkgever in geld aan de arbeider verstrekt, mits daarvan blijke door een verklaring als in onderdeel e vermeld;

g. het bedrag van hetgeen op het loon te veel is betaald;

h. de door de werkgever ingevolge wettelijke regeling voor de werknemer betaalde/te betalen belastingen.

2. Ter zake van hetgeen de werkgever krachtens de onderdelen b, c en e zoude kunnen vorderen, mag, behoudens toestemming bij landsbesluit, door hem bij elke uitbetaling van het loon niet meer worden verrekend dan een vijfde gedeelte van het in geld vastgesteld loon, hetwelk alsdan zoude moeten worden uitbetaald; ter zake van hetgeen hij krachtens de bepalingen van dit artikel in het geheel zoude kunnen vorderen, mag, behoudens toestemming bij landsbesluit, verrekening niet verder gaan dan tot twee vijfde gedeelte van hetzelfde bedrag.

3. Elk beding waardoor de werkgever een ruimere bevoegdheid tot verrekening zoude worden toegekend, is nietig.

Artikel 1614s

1. Bedingen welke de strekking hebben om een zeker bedrag van het loon op de betaaldag niet uit te betalen, zijn alleen geldig, indien zij bij schriftelijk aangegane overeenkomst of bij reglement zijn gemaakt met het doel om op dit bedrag te kunnen verhalen hetgeen de arbeider bij het einde der dienstbetrekking krachtens artikel 1615o, derde lid, verschuldigd mocht zijn, en indien zij voorts voldoen aan de verdere bepalingen van dit artikel.

2. De werkgever is verplicht het niet uitbetaalde bedrag ten name van de arbeider bij de Postspaarbank van Aruba te beleggen. De inlage van dit bedrag geschiedt binnen drie dagen na die der loonuitbetaling. Vanaf het ogenblik der loonuitbetaling wordt de arbeider geacht de eigenaar te zijn van het in te leggen bedrag.

3. Dit bedrag mag, behoudens toestemming bij landsbesluit, bij elke loonuitbetaling niet meer zijn dan een tiende gedeelte van het in geld vastgesteld, alsdan betaalbaar loon. In het geheel mag het ten hoogste het bedrag der schadeloosstelling, bedoeld bij artikel 1615r, evenaren.

4. Zodra de dienstbetrekking is geëindigd op een wijze waardoor de arbeider niet tot het betalen van een schadevergoeding gelijk bij het eerste lid bedoeld, gehouden is, erlangt hij of zijn rechtverkrijgenden de vrije beschikking

over het aldus te zijnen name ingelegd bedrag en over de daarvan gekweekte renten.

5. Alles wat betreft de inlagen en de terugbetalingen krachtens dit artikel te doen zal verder bij landsbesluit, houdende algemene maatregelen, worden geregeld.

Artikel 1614t

1. Indien het loon des arbeiders geheel of gedeeltelijk in inwoning, kost of andere levensbenodigdheden is vastgesteld, is de werkgever verplicht dit, mits overeenkomstig de vereisten van gezondheid en goede zeden, volgens plaatselijk gebruik te voldoen.

2. Elk beding waardoor deze verplichting des werkgevers zoude worden uitgesloten of beperkt, is nietig.

Artikel 1614u

De werkgever die tijdelijk verhinderd is het loon, voor zover dit in inwoning, kost of andere levensbenodigdheden is vastgesteld, te voldoen, zonder dat deze verhindering het gevolg is van eigen toedoen van de arbeider, is deze een vergoeding schuldig, waarvan het bedrag bij overeenkomst of, bij gebreke van die, door het plaatselijk gebruik wordt bepaald.

Artikel 1614v

De werkgever is gehouden inwonende arbeiders zonder korting van het loon in de gelegenheid te stellen hun godsdienstplichten te vervullen, alsmede ontspanning van de arbeid te genieten, in beide gevallen op de wijze bij overeenkomst of, bij gebreke van die, door het plaatselijk gebruik bepaald.

Artikel 1614w

De werkgever is gehouden de arbeid dusdanig te regelen, dat de arbeider geen arbeid heeft te verrichten op zondagen en die dagen die volgens verordening ten aanzien van de bedongen arbeid met zondagen worden gelijk gesteld, behalve voor zover het tegendeel is bedongen of uit de aard van de arbeid voortvloeit.

Artikel 1614x

1. De werkgever is verplicht de ruimten, werktuigen en gereedschappen waarin of waarmee hij de arbeid doet verrichten, op zodanige wijze in te richten en te onderhouden alsmede voor het verrichten van de arbeid zodanige maatregelen te treffen en aanwijzingen te verstrekken als redelijkerwijs nodig is om te voorkomen dat de werknemer in de uitoefening van zijn werkzaamheden schade lijdt.

2. De werkgever is jegens de werknemer aansprakelijk voor de schade die de werknemer in de uitoefening van zijn werkzaamheden lijdt, tenzij hij aantoont dat hij de in het

eerste lid genoemde verplichtingen is nagekomen of dat de schade in belangrijke mate het gevolg is van opzet of bewuste roekeloosheid van de werknemer.

3. Indien de werknemer ten gevolge van het niet nakomen door de werkgever van de verplichtingen, bedoeld in het eerste lid, in de uitoefening van zijn werkzaamheden zodanig letsel heeft bekomen, dat daarvan de dood het gevolg is, is die werkgever jegens de overblijvende personen tot wie de werknemer in familierechtelijke betrekking stond en die door zijn arbeid plegen te worden onderhouden, verplicht tot schadevergoeding, tenzij door hem het bewijs wordt geleverd dat die niet-nakoming aan overmacht, of de dood in belangrijke mate aan opzet of bewuste roekeloosheid van de werknemer is te wijten.

4. Elk beding waardoor aansprakelijkheid van de werkgever wordt uitgesloten of beperkt, is nietig.

5. Degene die in de uitoefening van zijn beroep of bedrijf arbeid laat verrichten door een persoon met wie hij geen arbeidsovereenkomst heeft, is overeenkomstig het eerste tot en met het derde lid aansprakelijk voor de schade die deze persoon lijdt tijdens het verrichten van die arbeid.

Artikel 1614ij

De werkgever is in het algemeen verplicht al datgene te doen en na te laten, wat een goed werkgever in gelijke omstandigheden behoort te doen en na te laten.

Artikel 1614z

1. De werkgever is verplicht bij het einde van de arbeidsovereenkomst de werknemer op diens verzoek een getuigschrift uit te reiken.

2. Het getuigschrift vermeldt:

a. de aard van de verrichte arbeid en de arbeidsduur per dag of per week;

b. de begindatum en de einddatum van het dienstverband;

c. de wijze waarop de werknemer aan zijn verplichtingen uit hoofde van zijn arbeidsovereenkomst heeft voldaan;

d. de wijze waarop de arbeidsovereenkomst is geëindigd;

e. indien de werkgever de arbeidsovereenkomst heeft opgezegd, de reden daarvan.

3. De in het tweede lid, onderdelen c, d en e, genoemde gegevens worden slechts op verzoek van de werknemer in het getuigschrift vermeld.

4. Indien de werknemer de arbeidsovereenkomst heeft opgezegd en hij deswege schadeplichtig is geworden, is de werkgever gerechtigd dit in het getuigschrift te vermelden.

5. De werkgever die weigert het gevraagde getuigschrift af te geven, nalaat aan een verzoek als bedoeld in het derde lid te

voldoen, in het getuigschrift opzettelijk of door grove nalatigheid onjuiste mededelingen opneemt of het getuigschrift van een kenmerk voorziet of op bepaalde wijze inricht om daarmee aangaande de werknemer enige mededeling te doen die niet in de bewoordingen van het getuigschrift is vervat, is zowel jegens de werknemer als jegens derden aansprakelijk voor de daardoor veroorzaakte schade.

6. Van het eerste tot en met het vijfde lid kan niet ten nadele van de werknemer worden afgeweken.

Artikel 1614za

1. De werkgever onthoudt zich van al hetgeen de werknemer beperkt in de uitoefening van zijn recht om zich te verenigen ter behoud en bevordering van zijn belangen als werknemer.

2. Het eerste lid is niet van toepassing indien de uitoefening van dit recht in strijd is met de wet, de openbare orde of de goede zeden.

Artikel 1614zb

1. De werkgever mag geen onderscheid maken tussen mannen en vrouwen bij het aangaan van de arbeidsovereenkomst, het verstrekken van onderricht aan de werknemer, in de arbeidsvoorwaarden, bij de arbeidsomstandigheden, bij de bevordering en bij de opzegging van de arbeidsovereenkomst. Onder direct onderscheid wordt mede verstaan onderscheid op grond

van zwangerschap, bevalling en moederschap. Onder indirect onderscheid wordt verstaan onderscheid op grond van andere hoedanigheden dan het geslacht, bijvoorbeeld echtelijke staat of gezinsomstandigheden, dat onderscheid op grond van geslacht tot gevolg heeft.

2. Van het eerste lid mag worden afgeweken indien:

a. voor zover het betreft het aangaan van de arbeidsovereenkomst en het verstrekken van onderricht, het gemaakte onderscheid gebaseerd is op een kenmerk dat verband houdt met het geslacht en dat kenmerk wegens de aard van de betrokken specifieke beroepsactiviteiten of de context waarin deze worden uitgevoerd, een wezenlijk en bepalend beroepsvereiste is, mits het doel legitiem is en het vereiste evenredig aan dat doel is;

b. het bedingen betreft die op de bescherming van de vrouw, met name in verband met zwangerschap of moederschap, betrekking hebben;

c. het bedingen betreft die vrouwelijke werknemers in een bevoorrechte positie beogen te plaatsen ten einde nadelen op te heffen of te verminderen en het onderscheid in een redelijke verhouding staat tot het beoogde doel.

3. Het verbod, bedoeld in het eerste lid, geldt niet ten aanzien van een indirect onderscheid dat objectief gerechtvaardigd wordt door een legitiem doel en de middelen voor het bereiken van dat doel passend en noodzakelijk zijn.

4. Een beding in strijd met het eerste lid is nietig.

Artikel 1614zc

1. De werkgever draagt ervoor zorg dat de werknemer niet wordt blootgesteld aan gedragingen of handelingen die met het geslacht van de werknemer verband houden en die tot doel of gevolg hebben dat de waardigheid van de werknemer wordt aangetast en dat een bedreigende, vijandige, beledigende, vernederende of kwetsende werkomgeving wordt gecreëerd.

2. Het eerste lid is van overeenkomstige toepassing op gedragingen of handelingen van verbale, non-verbale of fysieke aard en met een seksuele connotatie, die als doel of gevolg hebben dat de waardigheid van de persoon wordt aangetast, in het bijzonder wanneer een bedreigende, vijandige, beledigende, vernederende of kwetsende situatie wordt gecreëerd.

VIERDE AFDELING

Van de verplichtingen des arbeiders

Artikel 1615

De arbeider is verplicht de bedongen arbeid naar zijn beste vermogen te verrichten. Voor zover aard en omvang van de te verrichten arbeid niet bij overeenkomst of reglement zijn omschreven, beslist daaromtrent het gebruik.

Artikel 1615a

De arbeider is verplicht de arbeid zelf te verrichten; hij kan zich daarin niet dan met toestemming des werkgevers door een derde doen vervangen.

Artikel 1615b

De arbeider is verplicht zich te houden aan de voorschriften omtrent het verrichten van de arbeid, alsmede aan die welke strekken ter bevordering van de goede orde in de onderneming des werkgevers, hem door of namens de werkgever binnen de perken van de bestaande wettelijke regelingen, van overeenkomst of reglement gegeven.

Artikel 1615c

De arbeider die bij de werkgever inwoont, is verplicht zich te gedragen naar de orde des huizes.

Artikel 1615d

De arbeider is in het algemeen verplicht al datgene te doen en na te laten, wat een goed arbeider in gelijke omstandigheden behoort te doen en na te laten.

Artikel 1615da

1. De arbeider die bij de uitvoering van de overeenkomst schade toebrengt aan de werkgever of aan een derde jegens wie de werkgever tot vergoeding van die schade is gehouden, is te dier zake niet jegens de werkgever aansprakelijk, tenzij de schade een gevolg is van zijn opzet of bewuste roekeloosheid. Uit de omstandigheden van het geval kan, mede gelet op de aard van de desbetreffende overeenkomst, iets anders voortvloeien, dan in de eerste volzin is bepaald.

2. Afwijking van het eerste lid en van artikel 170, derde lid, van Boek 6 ten nadele van de arbeider is slechts mogelijk bij schriftelijke overeenkomst en slechts voor zover de arbeider te dier zake is verzekerd.

VIERDE AFDELING A

Van de rechten van de werknemer bij overgang van een onderneming

Artikel 1615db

1. In deze afdeling wordt verstaan onder:

a. overgang:

de overgang ten gevolge van een overeenkomst, een fusie of een splitsing, van een economische eenheid die haar identiteit behoudt;

b. economische eenheid:

een geheel van georganiseerde middelen, bestemd tot het ten uitvoer brengen van een al dan niet hoofdzakelijk economische activiteit.

2. Voor de toepassing van deze afdeling wordt een vestiging of een onderdeel van een onderneming of vestiging beschouwd als een onderneming.

Artikel 1615dc

Door de overgang van een onderneming gaan de rechten en verplichtingen die op dat tijdstip voor de werkgever in die onderneming voortvloeien uit een arbeidsovereenkomst tussen hem en een daar werkzame werknemer, van rechtswege over op de verkrijger. Evenwel is die werkgever nog gedurende een jaar na de overgang naast de verkrijger hoofdelijk verbonden voor de nakoming van de verplichtingen uit de arbeidsovereenkomst, die zijn ontstaan vóór dat tijdstip.

Artikel 1615dd

1. Artikel 1615dc is niet van toepassing op rechten en verplichtingen van de werkgever die voortvloeien uit een toezegging omtrent een wettelijk pensioen indien de verkrijger aan de werknemer dezelfde toezegging doet, die hij reeds voor het tijdstip van overgang heeft gedaan aan zijn werknemers.

2. Artikel 1615dc is niet van toepassing op rechten en verplichtingen van de werkgever die voortvloeien uit een spaarregeling, indien de verkrijger de werknemer opneemt in de spaarregeling die reeds voor het tijdstip van overgang gold voor zijn werknemers.

Artikel 1615de

Indien de overgang van een onderneming een wijziging van de omstandigheden ten nadele van de werknemer tot gevolg heeft en de arbeidsovereenkomst deswege wordt ontbonden ingevolge artikel 1615w, geldt zij met het oog op de toepassing van het vijfde lid van dat artikel als ontbonden wegens een reden welke voor rekening van de werkgever komt.

Artikel 1615df

De werkgever stelt de eigen werknemers die betrokken zijn bij de overgang van de onderneming tijdig in kennis van:

a. het voorgenomen besluit tot overgang;

b. de voorgenomen datum van de overgang;

c. de reden van de overgang;

d. de juridische, economische en sociale gevolgen van de overgang voor de werknemers, en;

e. de ten aanzien van de werknemers overwogen maatregelen.

Artikel 1615dg

1. Op degene die een failliete onderneming heeft overgenomen dan wel de bedrijvigheden van een failliete onderneming heeft overgenomen dan wel na faillissement heeft voortgezet, rust de inspanningsplicht om aan zoveel mogelijk werknemers die ten tijde van de faillietverklaring in dienst waren van de onderneming een arbeidsovereenkomst aan te bieden.

2. Degene die de in het eerste lid vervatte plicht niet nakomt, is schadeplichtig.

3. De in het eerste lid vervatte plicht is voor de duur van 1 jaar van kracht, gerekend vanaf de datum van de faillietverklaring.

VIJFDE AFDELING

Van de verschillende wijzen waarop de dienstbetrekking, door arbeidsovereenkomst ontstaan, eindigt

Artikel 1615e

1. De dienstbetrekking eindigt van rechtswege, wanneer de tijd is verstreken, bij overeenkomst of reglement, bij landsverordening of door het gebruik aangegeven.

2. Voorafgaande opzegging is in dat geval nodig:

a. indien zulks bij schriftelijk aangegane overeenkomst of bij reglement is bepaald;

b. indien volgens landsverordening of het gebruik opzegging behoort plaats te vinden en daarvan niet, waar zulks geoorloofd is, bij schriftelijk aangegane overeenkomst of bij reglement is afgeweken.

3. Een arbeidsovereenkomst als bedoeld in het eerste lid, kan slechts tussentijds worden opgezegd indien voor iedere partij dat recht schriftelijk is overeengekomen.

4. Indien een voor onbepaalde tijd aangegane arbeidsovereenkomst, die anders dan door rechtsgeldige opzegging of door ontbinding door de rechter is geëindigd, aansluitend op de beëindiging of eenmaal of meermalen met tussenpozen van niet meer dan drie maanden is voortgezet door een arbeidsovereenkomst voor bepaalde tijd, is in afwijking van het eerste lid voor de beëindiging van die laatste arbeidsovereenkomst voorafgaande

opzegging nodig. De termijn van opzegging wordt berekend vanaf het tijdstip van totstandkoming van de arbeidsovereenkomst voor onbepaalde tijd. Het voorgaande geldt niet indien de arbeidsovereenkomst voor bepaalde tijd wordt aangegaan nadat de werknemer de pensioenleeftijd als bedoeld in artikel 1613x, zesde lid, heeft bereikt.

5. Van een voortgezette arbeidsovereenkomst als bedoeld in het vierde lid is eveneens sprake, indien eenzelfde werknemer achtereenvolgens in dienst is geweest bij verschillende werkgevers die redelijkerwijs geacht moeten worden ten aanzien van de verrichte arbeid elkanders opvolger te zijn.

6. Voor de beëindiging van een voor onbepaalde tijd aangegane arbeidsovereenkomst is voorafgaande opzegging nodig.

7. Nietig is het beding, krachtens hetwelk een arbeidsovereenkomst van rechtswege eindigt wegens:

a. het in huwelijk treden van de werknemer;

b. zwangerschap of bevalling van de vrouwelijke werknemer.

Artikel 1615f

1. Indien de dienstbetrekking na het verstrijken van de tijd, in het eerste lid van artikel 1615e omschreven, door partijen zonder tegenspraak wordt voortgezet, wordt zij geacht voor dezelfde tijd, doch telkens ten hoogste voor een jaar, op de vroegere voorwaarden wederom te zijn aangegaan.

2. Hetzelfde geldt, wanneer in de gevallen waarin opzegging nodig is, tijdige opzegging achterwege blijft en de gevolgen van de voortzetting der dienstbetrekking niet opzettelijk zijn geregeld.

3. Vanaf de eerste dag dat tussen dezelfde partijen:

a. twee arbeidsovereenkomsten voor bepaalde tijd elkaar met een tussenpoos van niet meer dan drie maanden hebben opgevolgd en een periode van 36 maanden, deze tussenpoos inbegrepen, hebben overschreden, geldt met ingang van die dag de laatste arbeidsovereenkomst als aangegaan voor onbepaalde tijd; het voorgaande geldt niet indien de arbeidsovereenkomst voor bepaalde tijd wordt aangegaan nadat de werknemer de pensioenleeftijd als bedoeld in artikel 1613x, zesde lid, heeft bereikt;

b. meer dan twee voor bepaalde tijd aangegane arbeidsovereenkomsten elkaar hebben opgevolgd, hetzij aansluitend ingevolge het eerste lid, hetzij met tussenpozen van niet meer dan drie maanden, geldt de laatste arbeidsovereenkomst als aangegaan voor onbepaalde tijd.

4. Het derde lid, onderdeel a, eerste deelzin, is niet van toepassing op een arbeidsovereenkomst aangegaan voor niet meer dan drie maanden die onmiddellijk volgt op een tussen dezelfde partijen aangegane arbeidsovereenkomst voor 36 maanden of langer.

5. Het derde lid is van overeenkomstige toepassing op elkaar opvolgende arbeidsovereenkomsten tussen een

werknemer en verschillende werkgevers, die ten aanzien van de verrichte arbeid redelijkerwijze geacht moeten worden elkanders opvolger te zijn.

6. De termijn van opzegging wordt berekend vanaf het tijdstip van totstandkoming van de eerste arbeidsovereenkomst, bedoeld in het derde lid, onderdelen a of b.

7. Van het derde tot en met het zesde lid kan slechts bij collectieve arbeidsovereenkomst worden afgeweken ten nadele van de werknemer.

Artikel 1615g

(vervallen AB 2013 no. 13)

Artikel 1615h

1. De werkgever kan niet opzeggen gedurende de tijd dat de werknemer ongeschikt is tot het verrichten van zijn arbeid wegens ziekte, tenzij de ongeschiktheid ten minste een jaar heeft geduurd. Voor de berekening van de termijn, bedoeld in de eerste zin, worden perioden van ongeschiktheid tot het verrichten van arbeid ten gevolge van zwangerschap voorafgaand aan het zwangerschapsverlof en perioden van ongeschiktheid tijdens het zwangerschaps- en bevallingsverlof, bedoeld in artikel 1614ca, niet in aanmerking genomen.

2. De werkgever kan de arbeidsovereenkomst met een werkneemster niet opzeggen gedurende de zwangerschap. De werkgever kan ter staving van de zwangerschap een

verklaring van een arts of van een verloskundige verlangen. Voorts kan de werkgever de arbeidsovereenkomst van de werkneemster niet opzeggen gedurende de periode waarin zij bevallingsverlof als bedoeld in artikel 1614ca geniet en na werkhervatting, gedurende het tijdvak van zes weken aansluitend op dat bevallingsverlof, dan wel aansluitend op een periode van ongeschiktheid tot het verrichten van haar arbeid die haar oorzaak vindt in de bevalling of de daaraan voorafgaande zwangerschap en die aansluit op dat bevallingsverlof.

3. De werkgever kan de arbeidsovereenkomst niet opzeggen wegens het lidmaatschap van de werknemer van een vereniging van werknemers die krachtens haar statuten ten doel heeft de belangen van de leden als werknemer te behartigen dan wel wegens het verrichten van of deelnemen aan activiteiten ten behoeve van die vereniging, tenzij die activiteiten in de arbeidstijd van de werknemer worden verricht zonder toestemming van de werkgever.

4. De werkgever kan de arbeidsovereenkomst niet opzeggen wegens het huwelijk van de werknemer.

5. De werkgever kan de arbeidsovereenkomst met de in zijn onderneming werkzame werknemer niet opzeggen wegens de in artikel 1615db, eerste lid, onderdeel a, bedoelde overgang van die onderneming.

6. De werkgever kan de arbeidsovereenkomst niet opzeggen wegens de omstandigheid dat de werknemer geen instemming verleent aan het werken op zondag als bedoeld in artikel 1 van de Arbeidsverordening, tenzij de werknemer op grond van zijn arbeidsovereenkomst gehouden is arbeid in ploegendienst te verrichten.

7. Van het eerste lid, eerste zin, kan slechts worden afgeweken bij collectieve arbeidsovereenkomst.

Artikel 1615i

1. Opzegging geschiedt tegen het einde van de maand, tenzij bij schriftelijke overeenkomst of door het gebruik een andere dag daarvoor is aangewezen.

2. De door de werkgever in acht te nemen termijn van opzegging bedraagt bij een arbeidsovereenkomst die op de dag van opzegging:

a. korter dan vijf jaar heeft geduurd: een maand;

b. vijf jaar of langer, maar korter dan tien jaar heeft geduurd: twee maanden;

c. tien jaar of langer, maar korter dan vijftien jaar heeft geduurd: drie maanden;

d. vijftien jaar of langer heeft geduurd: vier maanden.

3. De door de werknemer in acht te nemen termijn van opzegging bedraagt een maand.

4. De termijn, bedoeld in het tweede lid, kan slechts worden verkort bij collectieve arbeidsovereenkomst, met dien verstande dat de termijn nimmer korter kan zijn dan een betalingsperiode.

5. Van de termijn, bedoeld in het derde lid, kan schriftelijk worden afgeweken. De termijn van opzegging voor de werknemer mag bij verlenging niet langer zijn dan zes maanden en voor de werkgever niet korter dan het dubbele van die voor de werknemer.

6. Bij collectieve arbeidsovereenkomst mag de termijn van opzegging, bedoeld in het vijfde lid, tweede volzin, voor de werkgever worden verkort, mits de termijn niet korter is dan die voor de werknemer.

7. Voor de toepassing van het tweede lid worden arbeidsovereenkomsten gelijkgesteld met eenzelfde, niet onderbroken arbeidsovereenkomst, indien eenzelfde werknemer achtereenvolgens in dienst is geweest bij verschillende werkgevers die redelijkerwijs geacht moeten worden ten aanzien van de verrichte arbeid elkanders opvolger te zijn, alsmede in geval van herstel van de arbeidsovereenkomst ingevolge artikel 1615t.

Artikel 1615j

(vervallen AB 2013, no. 13)

Artikel 1615k

(vervallen AB 2013, no. 13)

Artikel 1615l

De dienstbetrekking eindigt door de dood van de arbeider.

Artikel 1615m

De dienstbetrekking eindigt niet door de dood van de werkgever, tenzij uit de overeenkomst het tegendeel voortvloeit. Echter zijn zowel de erfgenamen van de werkgever als de arbeider bevoegd de dienstbetrekking, voor een bepaalde tijd aangegaan, door opzegging met inachtneming van de bepalingen der artikelen 1615h, 1615i en 1615j te doen eindigen, als ware zij aangegaan voor onbepaalde tijd.

Artikel 1615n

1. Indien een proeftijd is bedongen, is ieder der partijen, zolang de tijd niet is verstreken, bevoegd de arbeidsovereenkomst met onmiddellijke ingang op te zeggen.

2. Bij een zodanige opzegging zijn de artikelen 1615s en 1615t niet van toepassing.

Artikel 1615o

1. Ieder der partijen is bevoegd de arbeidsovereenkomst onverwijld op te zeggen om een dringende reden, onder gelijktijdige mededeling van die reden aan de wederpartij. De partij die opzegt zonder een dringende reden of zonder gelijktijdige mededeling van de dringende reden is schadeplichtig.

2. De partij die opzegt tegen een eerdere dag dan tussen partijen geldt, is schadeplichtig.

3. Eveneens is schadeplichtig de partij die door opzet of grove nalatigheid aan de wederpartij een dringende reden heeft gegeven om de arbeidsovereenkomst onverwijld op te zeggen, indien de wederpartij van die bevoegdheid heeft gebruik gemaakt of de rechter op die grond krachtens artikel 1615w de arbeidsovereenkomst heeft ontbonden.

4. Ingeval een der partijen schadeplichtig is, heeft de wederpartij de keus de in artikel 1615r genoemde wettelijke schadevergoeding of een volledige schadevergoeding te vorderen.

Artikel 1615p

1. Voor de werkgever worden als dringende redenen in de zin van het eerste lid van artikel 1615o beschouwd zodanige daden, eigenschappen of gedragingen van de arbeider, die ten gevolge hebben, dat van de werkgever redelijkerwijze niet gevergd kan worden de dienstbetrekking te laten voortduren.

2. Dringende redenen zullen onder andere aanwezig geacht kunnen worden:

a. wanneer de arbeider bij de afsluiting der overeenkomst de werkgever heeft misleid door het vertonen van valse of vervalste getuigschriften, of deze opzettelijk valse inlichtingen heeft gegeven omtrent de wijze waarop zijn vorige dienstbetrekking is geëindigd;

b. wanneer hij, in ernstige mate, de bekwaamheid of geschiktheid blijkt te missen tot de arbeid waarvoor hij zich heeft verbonden;

c. wanneer hij zich ondanks waarschuwing overgeeft aan dronkenschap of ander liederlijk gedrag;

d. wanneer hij zich schuldig maakt aan diefstal, verduistering, of bedrog of andere misdrijven waardoor hij het vertrouwen van de werkgever onwaardig wordt;

e. wanneer hij de werkgever, diens familieleden of huisgenoten, of zijn medearbeiders mishandelt, grovelijk beledigt of op ernstige wijze bedreigt;

f. wanneer hij de werkgever, diens familieleden of huisgenoten, of zijn medearbeiders verleidt of tracht te verleiden tot handelingen, strijdig met de wet ten of de goede zeden;

g. wanneer hij opzettelijk of, ondanks waarschuwing, roekeloos des werkgevers eigendom beschadigt of aan ernstig gevaar blootstelt;

h. wannneer hij opzettelijk of, ondanks waarschuwing, roekeloos zichzelf of anderen aan ernstig gevaar blootstelt;

i. wanneer hij bijzonderheden aangaande de huishouding of het bedrijf van de werkgever, welke hij behoorde geheim te houden, bekend maakt;

j. wanneer hij hardnekkig weigert te voldoen aan redelijke bevel en of opdrachten, hem door of namens de werkgever verstrekt;

k. wanneer hij op andere wijze grovelijk de plichten veronachtzaamt, welke de overeenkomst hem oplegt;

l. wanneer hij door opzet of roekeloosheid buiten staat geraakt of blijft de bedongen arbeid te verrichten.

3. Bedingen waardoor aan de werkgever de beslissing wordt overgelaten of er een dringende reden in de zin van artikel 1615c, eerste lid, aanwezig is, zijn nietig.

Artikel 1615q

1. Voor de arbeider worden als dringende redenen in de zin van artikel 16150, eerste lid, beschouwd zodanige omstandigheden die ten gevolge hebben, dat van de arbeider redelijkerwijze niet kan gevergd worden de dienstbetrekking te laten voortduren.

2. Dringende redenen zullen onder andere aanwezig geacht kunnen worden:

a. wanneer de werkgever de arbeider, diens familieleden of huisgenoten mishandelt, grovelijk beledigt of op ernstige wijze bedreigt of gedoogt, dat dergelijke handelingen door een zijner huisgenoten of ondergeschikten worden gepleegd;

b. wanneer hij de arbeider, diens familieleden of huisgenoten verleidt of tracht te verleiden tot handelingen, strijdig met de wet ten of de goede zeden, of gedoogt dat dergelijke verleiding of poging tot verleiding door een zijner huisgenoten of ondergeschikten worden gepleegd;

c. wanneer hij het loon niet op de bepaalde tijd voldoet;

d. wanneer hij, waar kost en inwoning bedongen zijn, niet op behoorlijke wijze daarin voorziet;

e. wanneer hij de arbeider wiens loon afhankelijk van de uitkomsten van de te verrichten arbeid is vastgesteld, geen voldoende arbeid verschaft;

f. wanneer hij de arbeider wiens loon afhankelijk van de uitkomsten van de te verrichten arbeid is vastgesteld, de bedongen hulp niet of niet in behoorlijke mate verschaft;

g. wanneer hij op andere wijze grovelijk de plichten veronachtzaamt, welke de overeenkomst hem oplegt;

h. wanneer hij, zonder dat de aard der dienstbetrekking dit medebrengt, de arbeider, niettegenstaande diens weigering, gelast arbeid in het bedrijf van een andere werkgever te verrichten;

i. wanneer de voortduring der dienstbetrekking voor de arbeider zou verbonden zijn met ernstige gevaren voor leven, gezondheid, zedelijkheid of goede naam, welke niet blijkbaar waren ten tijde van het sluiten der overeenkomst;

j. wanneer de arbeider door ziekte of andere oorzaken zonder zijn toedoen buiten staat geraakt de bedongen arbeid te verrichten.

3. Bedingen waardoor aan de arbeider de beslissing wordt overgelaten of er een dringende reden in de zin van artikel 16150, eerste lid, aanwezig is, zijn nietig.

Artikel 1615r

1. De schadeloosstelling, bedoeld in artikel 16150, derde lid, is gelijk aan het bedrag van het in geld vastgesteld loon voor de tijd dat de dienstbetrekking bij regelmatige beëindiging had behoren voort te duren.

2. Is het loon van de arbeider, hetzij voor het geheel hetzij gedeeltelijk, niet naar tijdruimte vastgesteld, dan geldt de maatstaf van artikel 1613m, tweede zin.

3. Elk beding waarbij ten behoeve van de arbeider een schadeloosstelling tot een lager bedrag wordt bedongen, is nietig. Bij schriftelijk aangegane overeenkomst of bij reglement mag een schadeloosstelling tot een hoger bedrag worden vastgesteld. De rechter is bevoegd de schadeloosstelling, zo deze hem met het oog op de omstandigheden van het geval bovenmatig voorkomt, op een kleinere Born te bepalen, doch niet minder dan het in geld vastgesteld loon voor de duur van de opzeggingstermijn ingevolge de artikelen 1615h, 1615i en 1615j, noch op minder dan het in geld vastgesteld loon voor drie maanden.

4. Indien de door de arbeider verschuldigde schadeloosstelling meer bedraagt dan het in geld vastgesteld loon voor een maand, of de door de werkgever verschuldigde schadeloosstelling meer bedraagt dan het in geld vastgesteld loon voor drie maanden, kan de rechter toestaan, dat de schadeloosstelling op de door hem te bepalen wijze in termijnen wordt betaald.

5. Van het bedrag der verschuldigde schadeloosstelling is de wettelijke rente verschuldigd, te rekenen van de dag waarop de dienstbetrekking is geëindigd.

Artikel 1615s

1. Indien een der partijen de dienstbetrekking al of niet met inachtneming van de voor de beëindiging geldende bepalingen, kennelijk onredelijk doet eindigen, kan de rechter steeds aan de wederpartij naar billijkheid een schadevergoeding toekennen.

2. Beëindiging van de dienstbetrekking door de werkgever zal onder andere kennelijk onredelijk geacht kunnen worden:

a. wanneer deze geschiedt zonder opgave van redenen of onder opgave van een voorgewende of valse reden;

b. wanneer, mede in aanmerking genomen de voor de arbeider getroffen voorzieningen en de voor hem bestaande mogelijkheden om ander passend werk te vinden, de gevolgen der beëindiging voor hem te ernstig zijn in vergelijking met het belang van de werkgever bij de beëindiging;

c. wanneer deze geschiedt in verband met een verhindering van de arbeider om de bedongen arbeid te verrichten als bedoeld in artikel 1615h, derde lid;

d. wanneer deze geschiedt in afwijking van een in de bedrijfstak of de onderneming krachtens wettelijke regeling of gebruik geldende getalsverhoudings- of anciënniteitsregeling, tenzij hiervoor zwaarwichtige gronden aanwezig zijn.

3. Beëindiging van de dienstbetrekking door de arbeider zal onder andere kennelijk onredelijk geacht kunnen worden:

a. wanneer deze geschiedt zonder opgave van redenen of onder opgave van een voorgewende of valse reden;

b. wanneer de gevolgen der beëindiging voor de werkgever te ernstig zijn in vergelijking met het belang van de arbeider bij de beëindiging.

4. Bedingen waardoor aan een der partijen de beslissing wordt overgelaten, of de dienstbetrekking al of niet kennelijk onredelijk is beëindigd, zijn nietig.

Artikel 1615t

1. De rechter kan de partij die schadeplichtig is geworden volgens artikel 16150 of die de dienstbetrekking kennelijk onredelijk doet eindigen, ook veroordelen de dienstbetrekking te herstellen.

2. Indien de rechter een zodanige veroordeling uitspreekt, kan hij bepalen voor of op welk tijdstip de dienstbetrekking moet worden hersteld, en kan hij voorzieningen treffen omtrent de rechtsgevolgen van de onderbreking.

3. De rechter kan in het vonnis, houdende veroordeling tot herstel der dienstbetrekking, bepalen, dat de verplichting tot herstel vervalt door betaling van een in het vonnis vastgestelde afkoopsom. Is in het vonnis geen afkoopsom vastgesteld, dan zal de rechter deze alsnog vaststellen, indien een der partijen daartoe een verzoek indient.

4. Een zodanig verzoek, door de tot herstel veroordeelde partij ingediend, schorst de tenuitvoerlegging van het vonnis, voor zover betreft de veroordeling tot herstel der dienstbetrekking, totdat op het verzoek is beslist, met dien verstande dat, wanneer het verzoek is ingediend door de werkgever, deze in ieder geval verplicht blijft gedurende de schorsing het loon te betalen.

5. De rechter stelt de hoogte der afkoopsom met het oog op de omstandigheden van het geval naar billijkheid vast; hij kan toestaan, dat de afkoopsom op door hem te bepalen wijze in termijnen wordt betaald. Indien een afkoopsom wegens het niet naleven van een verplichting om een dienstbetrekking te herstellen op andere wijze is vastgesteld,

kan de rechter het bedrag van de verschuldigde afkoopsom op verzoek van de meest gerede partij wijzigen in zodanig bedrag als hem met het oog op de omstandigheden van het geval billijk zal voorkomen, en kan hij toelaten, dat de afkoopsom op door hem te bepalen wijze in termijnen wordt betaald.

Artikel 1615u

Ieder vorderingsrecht krachtens artikel 1615o, derde lid, 1615s, eerste lid, en 1615t, eerste lid, verjaart na verloop van zes maanden.

Artikel 1615v

1. Indien de dienstbetrekking is aangegaan voor langer dan vijf jaren of voor de duur van het leven van een bepaalde persoon, is niettemin de arbeider bevoegd van het ogenblik waarop vijf jaren sedert haar aanvang zijn verlopen, haar op te zeggen met inachtneming van een termijn van zes maanden.

2. Elk beding waardoor deze bevoegdheid tot opzegging wordt uitgesloten of beperkt, is nietig.

Artikel 1615w

1. Ieder der partijen is te allen tijde bevoegd zich wegens gewichtige redenen tot de rechter te wenden met het schriftelijk verzoek de arbeidsovereenkomst ontbonden te verklaren. Elk beding waardoor deze bevoegdheid wordt uitgesloten of beperkt, is nietig.

2. Als gewichtige redenen worden beschouwd omstandigheden welke een dringende reden als bedoeld in artikel 1615o, eerste lid, zouden hebben opgeleverd, indien de dienstbetrekking deswege onverwijld beëindigd ware, alsook veranderingen in de omstandigheden welke van dien aard zijn, dat de dienstbetrekking billijkheidshalve dadelijk of na korte tijd behoort te eindigen.

3. De rechter willigt het verzoek niet in dan na verhoor of behoorlijke oproeping van de wederpartij.

4. Indien de rechter het verzoek inwilligt, bepaalt hij op welk tijdstip de dienstbetrekking eindigt.

5. Indien de rechter het verzoek inwilligt wegens veranderingen in de omstandigheden, kan hij, zo hem dat met het oog op de omstandigheden van het geval billijk voorkomt, aan een der partijen ten laste van de wederpartij een vergoeding toekennen; hij kan toestaan, dat de vergoeding op door hem te bepalen wijze in termijnen wordt betaald.

6. Alvorens een ontbinding waaraan een vergoeding verbonden wordt, uitte spreken, stelt de rechter de partijen van zijn voornemen in kennis en stelt hij een termijn binnen welke de verzoeker de bevoegdheid heeft zijn eis in te trekken.

7. Indien de verzoeker dat doet, zal de rechter alleen een beslissing geven omtrent de proceskosten.

8. Tegen een beschikking krachtens dit artikel is generlei voorziening toegelaten.

Artikel 1615x

De bepalingen van deze afdeling sluiten voor geen van beide partijen de mogelijkheid uit van ontbinding wegens een tekortkoming in de nakoming van de overeenkomst en van schadevergoeding. De ontbinding wordt door de rechter uitgesproken.

VIJFDE AFDELING A

Uitzendovereenkomst

Artikel 1615ij

1. De uitzendovereenkomst is de arbeidsovereenkomst waarbij de werknemer door de werkgever, in het kader van de uitoefening van het beroep of bedrijf van de werkgever ter beschikking wordt gesteld van een derde om krachtens een door deze aan de werkgever verstrekte opdracht arbeid te verrichten onder toezicht en leiding van de derde.

2. Onverminderd artikel 1614c, eerste lid, heeft de werknemer als bedoeld in het eerste lid geen aanspraak op loon gedurende de periode waarin hij niet ter beschikking wordt gesteld.

Artikel II

Artikel 1613x, vijfde lid, is uitsluitend van toepassing op arbeidsovereenkomsten die na het tijdstip van inwerkingtreding van deze landsverordening zijn gesloten, en waarin een beding, inhoudende dat de arbeidsovereenkomst van rechtswege eindigt bij het bereiken door de werknemer van een pensioenleeftijd, is opgenomen.

Landsverordening inhoudende regels inzake het ter beschikking stellen van arbeidskrachten

(Landsverordening terbeschikkingstelling arbeidskrachten)

Vindplaats:

AB 2013 no 21

§1. Begripsbepaling

Artikel 1

1. In deze landsverordening en de daarop berustende bepalingen wordt verstaan onder:

Minister:

de minister, belast met arbeid;

ter beschikking stellen van arbeidskrachten:

het op grond van een uitzendovereenkomst als bedoeld in artikel 1615ij van het Burgerlijk Wetboek van Aruba (AB 1989 no. GT 100) tegen vergoeding uitlenen van arbeidskrachten aan een ander voor het onder diens toezicht en leiding verrichten van arbeid, anders dan krachtens een met deze gesloten arbeidsovereenkomst;

onderneming:

een als zelfstandige eenheid optredend organisatorisch verband waarin krachtens arbeidsovereenkomst of krachtens publiekrechtelijke aanstelling arbeid wordt verricht;

uitzendbureau:

degene die in het kader van de uitoefening van zijn beroep of bedrijf arbeidskrachten aan een ander ter beschikking stelt;

arbeidskracht:

de persoon die door het uitzendbureau aan een ander ter beschikking wordt gesteld;

vergunning:

de vergunning, bedoeld in artikel 2.

2. In afwijking van het eerste lid wordt onder ter beschikking stellen van arbeidskrachten niet verstaan:

a. het ten behoeve van een geleverde zaak of tot stand gebracht werk ter beschikking stellen van arbeidskrachten;

b. het bij wijze van hulpbetoon zonder winstoogmerk ter beschikking stellen van arbeidskrachten, die bij degene, die hen ter beschikking stelt in dienst zijn;

c. het ter beschikking stellen van arbeidskrachten voor het verrichten van arbeid in een onderneming, die door dezelfde onderneming in stand wordt gehouden als die welke de arbeidskrachten ter beschikking stelt.

§2. Verkrijging, weigering en intrekking van een vergunning

Artikel 2

Het is verboden arbeidskrachten ter beschikking te stellen zonder een door of namens de Minister verleende vergunning.

Artikel 3

1. Bij regeling van de Minister worden de gegevens met de bijbehorende bewijsstukken genoemd, die bij een aanvraag om een vergunning als bedoeld in artikel 2, worden verstrekt.

2. Een aanvraag als bedoeld in het eerste lid, wordt niet in behandeling genomen, dan nadat de gegevens met bijbehorende bewijsstukken zijn overgelegd.

Artikel 4

1. Een vergunning kan onder voorwaarden worden verleend.

2. Een vergunning kan worden geweigerd indien:

a. gegronde vrees bestaat dat het ter beschikking stellen van arbeidskrachten door de aanvrager het belang van goede verhoudingen op de arbeidsmarkt zou schaden of dat daarbij de belangen van de betrokken arbeidskrachten onvoldoende gewaarborgd zouden zijn;

b. het hoofddoel van het bedrijf van de aanvrager niet is het drijven van een uitzendbureau;

c. de aanvrager niet een professionele kennis bezit van de uitzendbranche.

3. Bij landsbesluit, houdende algemene maatregelen, kunnen andere dan de in het tweede lid genoemde weigeringsgronden worden vastgesteld.

Artikel 5

1. Een uitzendbureau stelt per formatieplaats een arbeidskracht voor een tijdvak van ten hoogste twaalf maanden aan dezelfde onderneming ter beschikking.

2. Twee opeenvolgende terbeschikkingstellingen door het uitzendbureau van dezelfde arbeidskracht aan dezelfde onderneming gelden als één doorlopende terbeschikkingstelling, indien de duur van het tussenliggende tijdvak minder dan drie maanden bedraagt. Deze twee opeenvolgende terbeschikkingstellingen geschiedt per formatieplaats.

3. In geval een arbeidskracht aan een onderneming ter beschikking wordt gesteld ter vervanging van een eerder door het uitzendbureau aan de onderneming ter beschikking gestelde arbeidskracht, gelden beide terbeschikkingstellingen als één doorlopende terbeschikkingstelling, indien de duur van het tussenliggende tijdvak minder dan drie maanden bedraagt.

4. Het derde lid is van overeenkomstige toepassing op de vervanging van een door een ander uitzendbureau aan een onderneming ter beschikking gestelde arbeidskracht. De verantwoordelijkheid voor de opgave van de lengte van de periode waarin een uitzendkracht ter beschikking gesteld is geweest aan een onderneming, berust bij deze onderneming.

Artikel 6

Bij landsbesluit, houdende algemene maatregelen, kunnen nadere regels inzake de plaatsing van de vergunning, de verplichting tot informatieverschaffing, het bijhouden van een administratie en het verstrekken van gegevens op verzoek van de minister worden gesteld welke door een uitzendbureau in acht genomen moet worden.

Artikel 7

Door of namens de minister kan een vergunning ingetrokken worden, indien:

a. de verstrekte gegevens zodanig onjuist of onvolledig blijken, dat op de aanvraag een andere beslissing zou zijn genomen, als bij de beoordeling daarvan de juiste gegevens bekend waren geweest;

b. het uitzendbureau handelt in strijd met de bij of krachtens deze landsverordening gegeven voorschriften of de aan de vergunning verbonden voorwaarden of anderszins schade toebrengt aan de belangen die deze landsverordening beoogt te beschermen, dan wel gegronde vrees bestaat voor een zodanig handelen.

§3. Bescherming van de uitzendkracht

Artikel 8

1. Het uitzendbureau is aan een arbeidskracht loon en overige vergoedingen verschuldigd zoveel mogelijk overeenkomstig het loon en de overige vergoedingen die worden toegekend aan werknemers, werkzaam in gelijke of gelijkwaardige functies in dienst van de onderneming bij welke de terbeschikkingstelling plaats vindt.

2. Het eerste lid is niet van toepassing, indien in een collectieve arbeidsovereenkomst, van toepassing op het uitzendbureau, of bij of krachtens landsverordening is bepaald, welk loon en overige vergoedingen het uitzendbureau aan die arbeidskrachten verschuldigd is.

3. Het eerste lid is eveneens niet van toepassing, indien op de onderneming bij welke de terbeschikkingstelling plaats vindt, een collectieve arbeidsovereenkomst van toepassing is, die bepalingen bevat die de werkgever verplicht aan arbeidskrachten die aan zijn onderneming ter beschikking zijn gesteld loon en overige vergoedingen te betalen overeenkomstig de bepalingen van die collectieve arbeidsovereenkomst.

Artikel 9

Bij het ter beschikking stellen van arbeidskrachten wordt voor de terbeschikkingstelling geen tegenprestatie of enige andere vergoeding bedongen van de arbeidskracht die ter beschikking wordt gesteld.

Artikel 10

1. Het uitzendbureau legt aan de arbeidskracht geen verplichting op of belemmering in de weg ter zake van het aangaan van een arbeidsovereenkomst met de onderneming aan wie hij voordien als arbeidskracht ter beschikking was gesteld.

2. Elk beding tussen het uitzendbureau en de onderneming bij welke de terbeschikkingstelling plaats vindt, die de onderneming belemmert een bij hem ter beschikking gestelde arbeidskracht in dienst te nemen, is nietig.

Artikel 11

De arbeidskracht die aan een onderneming ter beschikking is gesteld en daarna binnen een tijdvak van drie maanden bij deze onderneming werkzaam is geweest op basis van een arbeidsovereenkomst voor bepaalde tijd, wordt door het uitzendbureau niet binnen een tijdvak van drie maanden na het verstrijken van de duur van die arbeidsovereenkomst opnieuw in dezelfde functie ter beschikking gesteld aan dezelfde onderneming.

§4. Geheimhoudingsplicht

Artikel 12

Een ieder die betrokken is bij de uitvoering van deze landsverordening en daarbij de beschikking krijgt over gegevens waarvan hij het vertrouwelijke karakter kent of redelijkerwijs moet vermoeden, en voor wie niet reeds uit hoofde van ambt, beroep of wettelijk voorschrift ter zake van die gegevens een geheimhoudingsplicht geldt, is verplicht tot geheimhouding van die gegevens, behoudens voor zover enig wettelijk voorschrift hem tot mededeling verplicht of uit zijn taak de noodzaak tot mededeling voortvloeit.

§5. Straf-, overgangs- en slotbepaling

Artikel 13

1. Degene die de bij de artikelen 2, 5, eerste lid, 9 tot en met 12 gestelde voorschriften overtreedt, wordt gestraft met hetzij hechtenis van ten hoogste een jaar, hetzij een geldboete van de derde categorie.

2. De bij deze landsverordening strafbaar gestelde feiten zijn overtredingen.

Artikel 14

1. Ondernemingen die op het tijdstip van inwerkingtreding van deze landsverordening zonder de in artikel 2 vereiste vergunning het ter beschikking stellen van arbeidskrachten aan derden als bedrijf uitoefenen, worden gedurende twaalf maanden na dat tijdstip gelijkgesteld met een onderneming die in het bezit is van een vergunning.

2. Voor arbeidskrachten die op het tijdstip van inwerkingtreding van artikel 5 van deze landsverordening bij een onderneming ter beschikking zijn gesteld, begint de maximale termijn bedoeld in artikel 5, eerste lid, vanaf dat tijdstip te lopen.

Artikel 15

1. Deze landsverordening treedt in werking op 1 april 2013, met uitzondering van artikel 5 dat in werking treedt op een bij landsbesluit te bepalen tijdstip, welk zich op of na 1 juli 2013 bevindt.

2. Zij kan worden aangehaald als Landsverordening terbeschikkingstelling arbeidskrachten.

Arbeidsverordening 2013

Vindplaats:
AB 2013 no. 14

Wijziging:
AB 2013 no. 20

HOOFDSTUK 1

Algemene bepalingen

Artikel 1

In deze landsverordening en de daarop berustende bepalingen wordt verstaan onder:

arbeidsduur:

het aantal uren dat de werknemer per week of per dag werkt, met uitzondering van overwerk;

arbeidstijd:

de tijdstippen waarbinnen de werknemer arbeid verricht;

Directeur:

de directeur van de Directie Arbeid en Onderzoek;

Minister:

de minister, belast met arbeid;

inkomen:

alle inkomsten uit arbeid in één onderneming, waaronder mede begrepen het naar tijdruimte vastgestelde loon, het vakantiegeld, provisie en winstbonussen en dergelijke, die als grondslag dienen voor de inkomstenbelasting, met uitzondering van de vergoeding voor overwerk en de toeslag, bedoeld in artikel 25, zesde lid;

jeugdigen:

personen die de leeftijd van vijftien jaar, maar nog niet de leeftijd van achttien jaar hebben bereikt;

kinderen:

personen die de leeftijd van vijftien jaar nog niet hebben bereikt;

loon:

elke uitkering in welke vorm ook welke de arbeider als vergoeding voor zijn arbeid ten laste van zijn werkgever geniet, welke van invloed zijn op de voorwaarden van de arbeidsovereenkomst, behalve:

- vergoeding voor het verrichten van overwerk;
- de toeslag op het loon ingevolge artikel 58 van de Landsverordening algemene ouderdomsverzekering (AB 1990 no. GT 33) en artikel 52 van de Landsverordening algemene weduwen- en wezenverzekering;
- de sociale verzekeringspremies welke ten laste van de werkgever komen;
- vergoeding boven het normale loon voor het tijdelijk verrichten van andere dan de normale arbeid waartoe hij ingevolge arbeidsovereenkomst met zijn werkgever verplicht is;
- vergoeding welke bij uitzondering wordt gegeven voor het verrichten van een boven het normale liggende arbeidsprestatie;

overwerk:

arbeid verricht gedurende de voor de werknemer geldende rusttijd, alsmede arbeid welke ten aanzien van de werknemer die op grond van deze landsverordening of de daarop berustende bepalingen maximaal toegestane arbeidsduur per dag of per week overschrijdt;

rustdag:

de zondag dan wel de dag die voor de werknemer, die op zondag ploegenarbeid verricht, volgens zijn werkrooster voor de zondag in de plaats komt;

rusttijd:

de tijd gedurende welke het verboden is arbeid te laten verrichten, anders dan bij wijze van overwerk;

feest- of herdenkinsdagen:

de bij of krachtens artikel 22 aangewezen dagen;

ploegenarbeid:

arbeid, verricht volgens een periodiek werkrooster op verschillende, met het oog op de aard van de onderneming noodzakelijke dagen en tijdstippen vallende tussen 06.00 en 24.00;

week:

een periode van zeven opeenvolgende dagen;

werkgever:

de werkgever, bedoeld in artikel 1613a van het Burgerlijk Wetboek van Aruba (AB 1989 no. GT 100), met uitzondering van degene die in het kader van de uitoefening van zijn beroep of bedrijf arbeidskrachten aan een ander ter beschikking stelt als bedoeld in de Landsverordening terbeschikkingstelling arbeidskrachten, doch met inbegrip van degene die geen werkgever is als bedoeld in de vorige zinsnede en die een ander onder zijn gezag arbeid doet verrichten anders dan uit hoofde van het gezag dat ontleend wordt aan de ouderlijke macht of voogdij;

werknemer:

degene die onder gezag van een werkgever arbeid verricht;

collectieve regeling:

een collectieve arbeidsovereenkomst of een overeenkomst waaromtrent de werkgever schriftelijk overeenstemming heeft bereikt met het medezeggenschapsorgaan;

medezeggenschapsorgaan:

het orgaan binnen de onderneming welke ten behoeve van het overleg met en de vertegenwoordiging van de in de onderneming werkzame personen is ingesteld en waarvan de werkwijze bij regeling van de Minister in overleg met de Sociaal Economische Raad, bij landsbesluit, houdende algemene maatregelen, of bij landsverordening is vastgesteld;

werktijden:

de tijdstippen van aanvang en beëindiging van de arbeid.

Artikel 2

De bij of krachtens deze landsverordening gestelde voorschriften zijn niet van toepassing op arbeid verricht:

a. door het hoofd of de bestuurder van de onderneming en zijn echtgenoot of, onverminderd artikel 19, een bloedverwant in de eerste graad, dan wel verricht door personen, niet zijnde hoofd of bestuurder, die dezelfde bevoegdheden hebben als het hoofd of de bestuurder;

b. door straatventers, vissers, kleine handelslieden en land- en tuinbouwers, die geen vergunning nodig hebben op grond van artikel 3, onderdelen b, c, d en e van de Vestigingsverordening bedrijven (AB 1990 no. GT 55);

c. met een wetenschappelijk doeleinde;

d. door geneeskundigen en verloskundigen, alsmede door personen die werkzaam zijn in een zieken- of verzorgingsinrichting anders dan op basis van een arbeidsovereenkomst dan wel een uitzendovereenkomst;

e. door personen van 18 jaar of ouder ten behoeve van luchtvaartondernemingen en direct verband houdende met de aankomst of het vertrek van luchtvaartuigen en de daarmee vervoerde personen of goederen;

f. door personen van 18 jaar of ouder als bemanning ten behoeve van het luchtvaartuig waarop zij dienst doen;

g. door personen van 18 jaar of ouder ten behoeve van scheepvaartondernemingen en direct verband houdende met de aankomst of het vertrek van schepen en de daarmee vervoerde personen of goederen;

h. door personen van 18 jaar of ouder als opvarende van het schip waarop zij dienst doen;

i. door havenarbeiders van 18 jaar of ouder, waarop de Stuwadoorsverordening (AB 1991 no. GT 49) van toepassing is;

j. door ambtenaren in de zin van artikel 1, eerste lid, van de Landsverordening materieel ambtenarenrecht (AB 1989 no. GT 37).

Artikel 3

1. Deze landsverordening is niet van toepassing op de werknemer wiens bruto jaarinkomen meer bedraagt dan een bedrag dat wordt verkregen door het minimumloon, bedoeld in artikel 9 van de Landsverordening minimumlonen (AB 1989 no. GT 26), te vermenigvuldigen met een factor van 2.

2. De in het eerste lid genoemde factor wordt met ingang van 1 januari van het jaar na de inwerkingtreding van deze landsverordening jaarlijks verhoogd met 0,1 totdat een maximale factor van 2,5 is bereikt, met dien verstande dat de Minister kan bepalen, de Sociaal Economische Raad

gehoord, dat een verhoging in een bepaald jaar niet plaats vindt.

Artikel 4

Het is verboden arbeid te laten verrichten in strijd met de bij of krachtens deze landsverordening gestelde voorschriften.

Artikel 5

De ouder of de voogd van het kind dat of de jeugdige die onder zijn ouderlijke gezag respectievelijk voogdij staat, dan wel het hoofd van het gezin, waarin het kind of de jeugdige wordt opgevoed, zorgt ervoor dat het betreffende kind of de betreffende jeugdige geen arbeid verricht die bij of krachtens deze landsverordening wordt verboden.

Artikel 6

Voor de toepassing van deze landsverordening en de bij of krachtens deze landsverordening gestelde voorschriften kunnen meerdere werkgevers jegens de werknemer als één werkgever worden aangemerkt door de Directeur, indien het eigendom van de ondernemingen grotendeels in handen is van dezelfde natuurlijke persoon of rechtspersoon of groep van natuurlijke personen of rechtspersonen, dan wel indien de feitelijke bestuursbevoegdheid of enige vorm van leiding in handen is van dezelfde natuurlijke persoon of rechtspersoon of groep van natuurlijke personen of rechtspersonen.

Artikel 7

Van de bij of krachtens deze landsverordening gestelde voorschriften kan niet ten nadele van de werknemer worden afgeweken, tenzij deze voorschriften hierin uitdrukkelijk voorzien.

HOOFDSTUK 2

Algemene bepalingen betreffende de arbeidsduur, rusttijd en pauze

Artikel 8

1. De arbeidsduur in een werkweek van zes dagen bedraagt ten hoogste 45 uur per week, met dien verstande dat de arbeidsduur per dag niet meer dan acht uur bedraagt.

2. De arbeidsduur in een werkweek van vijf dagen bedraagt ten hoogste 40 uur per week, met dien verstande dat de arbeidsduur per dag niet meer dan acht uur bedraagt.

3. De arbeidsduur in een werkweek van maximaal vier dagen bedraagt ten hoogste 36 uur per week, met dien verstande dat de arbeidsduur per dag niet meer dan negen uur bedraagt.

4. Het is verboden een werknemer arbeid te laten verrichten, waardoor de arbeidsduur, bedoeld in het eerste, tweede en derde lid, wordt overschreden, anders dan bij wijze van overwerk.

5. Bij collectieve regeling kan van het eerste, tweede en derde lid worden afgeweken.

Artikel 9

1. In afwijking van de artikelen 8 en 13 kan de Directeur op een daartoe strekkend schriftelijk verzoek van een werkgever de arbeidsduur, met inbegrip van overwerk, voor de onderneming van die werkgever voor een bepaalde tijd vaststellen op ten hoogste 60 uren per week, berekend over een periode van vier weken, voor zover dit voor die onderneming, gezien de bijzondere omstandigheden van het geval, redelijkerwijs noodzakelijk is voor een adequate bedrijfsvoering.

2. Aan de vaststelling bedoeld in het eerste lid, kunnen voorwaarden worden verbonden.

3. Wijzigingen in de werktijden, rusttijden en arbeidsduur in een onderneming, waarvoor een vaststelling, bedoeld in het eerste lid, geldt, alsmede alle andere relevante wijzigingen in de bedrijfsvoering, worden niet doorgevoerd zonder voorafgaande schriftelijke goedkeuring van de Directeur. De Directeur kan aan zijn goedkeuring voorwaarden verbinden.

4. Indien ten behoeve van de betreffende onderneming een beschikking als bedoeld in het tweede lid is afgegeven, wordt een afschrift daarvan aan de arbeidslijst, bedoeld in artikel 28, eerste lid, gehecht, op zodanige wijze dat daarvan door de betrokken werknemers gemakkelijk kennis kan worden genomen.

Artikel 10

1. Als rusttijd geldt:

a. dagelijks de tijd voor 6.00 uur en de tijd na 24.00 uur, met dien verstande dat voor de werknemer in een onderneming, die krachtens enige wettelijke regeling een voorgeschreven sluitingstijd heeft, de laatst bedoelde rusttijd ten hoogste een half uur na die sluitingstijd valt, waarbij het tijdstip van aanvang van de arbeid op de volgende dag zodanig moet zijn dat voor die werknemer een aaneengesloten rusttijd van ten minste 11 uren geldt;

b. de wekelijkse rustdag;

c. wekelijks ten minste eenmaal het gedeelte van een dag, anders dan de rustdag, bedoeld in onderdeel b, voorafgaand aan of volgend op 13.00 uur;

d. de feest- en herdenkingsdagen.

2. Het is verboden de werknemer arbeid te laten verrichten gedurende de voor hem geldende rusttijd, anders dan bij wijze van overwerk.

Artikel 11

1. Onverminderd artikel 10, eerste lid, onderdelen a en c, en het tweede lid, geldt voor de werknemer die ploegenarbeid verricht, als rusttijd:

a. de voor de werknemer volgens zijn werkrooster geldende wekelijkse rustdag;

b. de feest- en herdenkingsdagen, voor zover de werknemer op die dagen niet conform zijn werkrooster arbeid verricht, met dien verstande dat de werknemer per kalenderjaar ten minste op vijf feest- en herdenkingsdagen is vrijgesteld van arbeid.

2. De werkgever richt de arbeidstijd zodanig in dat de rustdag van de werknemer die ploegenarbeid verricht, ten minste eenmaal per maand op een zondag valt, met dien verstande dat de vaststelling van deze rustdag niet ten nadele komt van de werknemer voor wat betreft het overeengekomen loon.

Artikel 12

1. De arbeidstijd van een werknemer wordt op elke dag waarop hij, al dan niet bij wijze van overwerk, meer dan zes uren arbeid verricht, na ten hoogste vijf uren arbeid onderbroken door een pauze van ten minste een half uur.

2. Het is verboden de werknemer gedurende diens pauze arbeid te laten verrichten, anders dan bij wijze van overwerk.

3. Een onderbreking van de arbeidstijd van minder dan 15 minuten geldt niet als pauze.

HOOFDSTUK 3

Overwerk

Artikel 13

1. De arbeidsduur bedoeld in artikel 8, bedraagt inclusief overwerk ten hoogste 55 uren per week, berekend over een periode van vier weken, met dien verstande dat de arbeidsduur inclusief overwerk per dag niet meer dan 12 uren bedraagt.

2. Bij collectieve regeling kan van het eerste lid worden afgeweken.

Artikel 14

1. Voor de bepaling van de duur van overwerk wordt het totale aantal minuten overwerk telkens op halve uren naar boven afgerond.

2. Voor de toepassing van deze landsverordeningen en de daarop berustende bepalingen wordt overwerk, dat per dag minder dan 15 minuten duurt en dat geen regelmatig karakter draagt, niet als overwerk beschouwd.

3. In afwijking van het tweede lid, kan de Directeur bepalen dat in een bepaalde onderneming, al dan niet ten aanzien van één of meerdere werknemers, het overwerk, bedoeld in het tweede lid, wel als zodanig wordt beschouwd, indien hij van oordeel is dat dit overwerk binnen die onderneming, al dan niet ten aanzien van één of meerdere werknemers, een regelmatig karakter draagt.

4. Bij collectieve regeling kan van het eerste lid worden afgeweken.

Artikel 15

Een opdracht tot het verrichten van overwerk wordt door de werkgever zo tijdig mogelijk aan de werknemer gegeven. Bij het geven van een opdracht tot overwerk neemt de werkgever de belangen van de werknemer zo veel mogelijk in acht.

Artikel 16

1. Voor verricht overwerk ontvangt de werknemer per uur, naast het voor hem geldende volle uurloon, een overwerktoeslag van ten minste 50 percent van zijn uurloon.

2. Onverminderd het eerste lid wordt aan de werknemer een overwerktoeslag betaald van:

a. ten minste 25 percent van zijn uurloon, indien het overwerk wordt verricht gedurende de rusttijd als bedoeld in artikel 10, eerste lid, onderdeel c;

b. ten minste 50 percent van zijn uurloon, indien het overwerk wordt verricht op een rustdag als bedoeld in artikel 10, eerste lid, onderdeel b;

c. ten minste 100 percent van zijn uurloon, indien het overwerk wordt verricht op een feest- of herdenkingsdag.

3. Onverminderd het eerste lid wordt aan de werknemer die ploegenarbeid verricht, een overwerktoeslag betaald van:

a. ten minste 25 percent van zijn uurloon, indien het overwerk wordt verricht gedurende rusttijd als bedoeld in artikel 10, eerste lid, onderdeel c;

b. ten minste 50 percent van zijn uurloon, indien het overwerk plaatsvindt op de dag die volgens zijn werkrooster een rustdag is;

c. ten minste 100 percent van zijn uurloon, indien het overwerk plaatsvindt op een feest- of herdenkingsdag.

4. Bij schriftelijke overeenkomst tussen de werkgever en werknemer kan worden overeengekomen dat de in dit artikel bedoelde compensatie voor overwerk geheel of gedeeltelijk in betaald verlof plaatsvindt op basis van de in het eerste tot en met het derde lid genoemde toeslagen.

5. Bij collectieve regeling kan van het tweede en derde lid worden afgeweken.

Artikel 17

1. Indien de werkgever de werknemer oproept om overwerk te verrichten op een dag waarop hij niet ingedeeld staat om arbeid te verrichten, wordt het overwerk aangemerkt als ten minste drie uren te hebben geduurd.

2. Ingeval de arbeidsduur per dag inclusief overwerk ten minste tien uren is, is de werkgever verplicht:

a. de werknemer een warme maaltijd of een daarvoor toereikende vergoeding te geven, en

b. de kosten voor transport van de werknemer te vergoeden die hij niet zou hebben gemaakt indien de situatie van overwerk zich niet zou hebben voorgedaan.

3. Bij collectieve regeling kan van het eerste en tweede lid worden afgeweken.

Artikel 18

De Directeur kan de verrichting van overwerk binnen een bepaalde onderneming, al dan niet ten aanzien van een bepaalde werknemer of groep van werknemers, verbieden, aan een maximum omvang verbinden of onderwerpen aan voorwaarden, indien hem dat met het oog op de gezondheid of het welzijn van die werknemer of werknemers wenselijk voorkomt, dan wel indien hij vaststelt dat de behoefte aan overwerk binnen die onderneming het gevolg is van een structureel tekort aan werknemers binnen die onderneming.

HOOFDSTUK 4

Arbeid door minderjarigen

Artikel 19

1. Het is verboden kinderen, al dan niet tegen betaling, arbeid te laten verrichten.

2. Voor de toepassing van het eerste lid wordt onder arbeid mede verstaan alle werkzaamheden buiten een onderneming, met uitzondering van werkzaamheden in scholen, rehabilitatiecentra en opvoedingsinstellingen mits deze werkzaamheden een opvoedkundig karakter dragen en niet in de eerste plaats gericht zijn op het behalen van een economisch voordeel.

3. De Directeur kan, op schriftelijk verzoek en onder het stellen van voorwaarden en beperkingen, ontheffing verlenen van het verbod, bedoeld in het eerste lid, indien het betreft werkzaamheden, verricht door kinderen van dertien jaar of ouder, die:

a. noodzakelijk zijn voor het leren van een vak of beroep, mits niet plaatsvindend voor 7.00 uur en niet na 19.00 uur;

b. uit de aard ervan door kinderen plegen te worden verricht, mits niet plaatsvindend gedurende schooltijd en niet voor 7.00 uur en niet na 19.00 uur;

c. lichamelijk of geestelijk geen hoge eisen stellen of een gevaarlijk karakter dragen, mits niet plaatsvindend gedurende schooltijd en niet voor 7.00 uur en niet na 19.00 uur.

4. Bij de toepassing van het derde lid neemt de Directeur de bij of krachtens de Leerplichtverordening (AB 2011 no. 82) gestelde voorschriften in acht.

Artikel 20

1. Onverminderd de bij of krachtens de Leerplichtverordening gestelde voorschriften, is het verboden om jeugdigen:

a. gedurende de tijd voorafgaand aan 7.00 uur en volgend op 19.00 uur arbeid te laten verrichten;

b. gevaarlijke arbeid te laten verrichten.

2. Bij regeling van de Minister wordt bepaald welke arbeid als gevaarlijke arbeid wordt aangemerkt voor de toepassing van het eerste lid.

HOOFDSTUK 5

Feest- of herdenkingsdagen

Artikel 21

1. De werknemer behoudt over een feest- of herdenkingsdag aanspraak op ten minste het loon dat hij op die dag gedurende de voor hem geldende normale arbeidstijd zou hebben verdiend, indien die dag geen feest- of herdenkingsdag zou zijn.

2. In afwijking van het eerste lid, heeft de werknemer voor wie een feest- of herdenkingsdag een gewone arbeidsdag is, aanspraak op ten minste tweemaal het loon dat hij op die dag gedurende de voor hem geldende normale arbeidstijd zou hebben verdiend, indien die dag geen feest- of herdenkingsdag zou zijn.

3. Iedere aanspraak als bedoeld in het eerste of tweede lid vervalt van rechtswege, indien de werknemer verplicht is werk te verrichten op een feest- of herdenkingsdag en hij deze verplichting zonder geldige reden geheel of gedeeltelijk niet nakomt.

4. De vergoeding voor arbeid op één of meer feest- of herdenkingsdagen wordt niet in de vorm van een opslag op het loon uitgekeerd.

Artikel 22

1. Als feest- of herdenkingsdag worden aangemerkt:

a. Nieuwjaarsdag;

b. de dag vallende na de grote carnavalsoptocht;

c. de Goede Vrijdag;

d. de christelijke tweede Paasdag;

e. Hemelvaartsdag;

f. de eerste en tweede Kerstdag;

g. de dag waarop de verjaardag van de Koningin officieel wordt gevierd;

h. de Dag van de Arbeid;

i. de Dia di Himno y Bandera;

j. de Dia di Betico.

2. Indien de Dag van de Arbeid op een zondag valt of op een dag dat wordt aangemerkt als feest- en herdenkingsdag, wordt de eerstvolgende werkdag als de Dag van de Arbeid aangemerkt.

3. Met een feest- of herdenkingsdag wordt gelijkgesteld de dag waarop de begrafenis plaatsvindt van de navolgende in functie overleden personen:

a. de Koning;

b. de Gouverneur van Aruba;

c. een minister van Aruba.

HOOFDSTUK 6

Bijzondere vormen van arbeid

Artikel 23

1. Op huishoudelijk werk, verricht in dienst van een natuurlijke persoon in de huishouding van die persoon, zijn de hoofdstukken 2 en 3 niet van toepassing, met dien verstande dat ten aanzien van dit werk geldt dat:

a. de arbeidsduur per dag ten hoogste 11 uren, waarvan maximaal 8 uren aan zware werkzaamheden worden besteed, en per week ten hoogste 55 uren bedraagt;

b. de werknemer na elke periode van zes dagen zijn wekelijkse rustdag geniet;

c. de arbeidstijd tussen 6.00 uur en 22.00 uur ligt, tenzij de dienstbetrekking uitsluitend of hoofdzakelijk ziet op de verzorging van de natuurlijke persoon of één of meer van diens huisgenoten en deze verzorging uitsluitend of hoofdzakelijk kan plaatsvinden buiten de vorenbedoelde tijdstippen;

d. de werknemer na iedere vijf uur arbeid een pauze van ten minste een half uur geniet;

e. de werknemer gedurende feest- of herdenkingsdagen is vrijgesteld van dienst met behoud van loon;

f. arbeid, die de dagelijkse of wekelijkse arbeidsduur, bedoeld in onderdeel a, overschrijdt, alsmede arbeid, verricht buiten de arbeidstijd of gedurende diens pauze, beloond wordt met een toeslag van 50 percent van het loon van de werknemer per gewerkt uur, waarbij afronding naar boven geschiedt op halve uren;

g. arbeid verricht op een rustdag of op een feest- of herdenkingsdag beloond wordt met een toeslag van 100 percent van het loon van de werknemer per gewerkt uur, waarbij afronding naar boven geschiedt op halve uren.

h. de onder a genoemde zware werkzaamheden worden bij ministeriële regeling gedefinieerd.

2. De artikelen 28 tot en met 31 zijn niet van toepassing op de werkgever, bedoeld in het eerste lid.

Artikel 24

1. Voor de toepassing van dit artikel wordt onder arbeid in een volcontinu bedrijf verstaan arbeid die niet uitsluitend een ondersteunend karakter draagt, en die wordt verricht in een onderneming waarbinnen naar de aard van het bedrijfs- of productieproces gedurende 24 uur per dag zonder onderbreking arbeid dient te worden verricht.

2. Ten aanzien van arbeid, verricht in een volcontinu bedrijf:

a. is artikel 10, eerste lid, onderdelen a, c en d, niet van toepassing;

b. organiseert de werkgever de arbeid zodanig dat de rustdag van de werknemer ten minste eenmaal per maand op een zondag valt, met dien verstande dat de vaststelling van deze rustdag niet ten nadele komt van de werknemer voor wat betreft het overeengekomen loon;

c. verleent de werkgever de werknemer op een dag waarop deze meer dan zes uren arbeid verricht een pauze van ten minste een half uur, tenzij de dienst dat niet toelaat;

d. blijft artikel 13, eerste lid, buiten toepassing, met dien verstande dat de arbeidsduur inclusief overwerk per week in geen geval meer dan 60 uur bedraagt.

3. De Directeur kan ten aanzien van een bepaalde onderneming bepalen dat de in die onderneming verrichte arbeid niet wordt beschouwd als continuarbeid.

Artikel 25

1. Voor de toepassing van dit artikel wordt onder consignatie verstaan de tijdruimte tussen twee elkaar opeenvolgende diensten of tijdens een pauze, waarin de werknemer verplicht is bereikbaar te zijn om in geval van onvoorziene omstandigheden op oproep zo spoedig mogelijk de bedongen arbeid te verrichten.

2. Geen consignatie wordt vastgesteld voor werknemers jonger dan 18 jaar.

3. Als arbeidstijd geldt tijdens de consignatie de werkelijk als gevolg van een oproep gewerkte tijd, met dien verstande

dat de arbeid als gevolg van één oproep of meerdere oproepen binnen een half uur gelijk wordt aangemerkt als ten minste een half uur te hebben geduurd. Indien na beëindiging van de arbeid als gevolg van een oproep binnen een half uur weer een oproep volgt, geldt die tussenliggende periode ook als arbeidstijd.

4. Op de arbeid die voortvloeit uit de consignatie, zijn de artikelen 8, 9, 10 en 11 niet van toepassing.

5. De arbeid die gedurende consignatie wordt verricht, is overwerk, waarvan de beloning geschiedt overeenkomstig artikel 16.

6. Onverminderd het vijfde lid en ongeacht of er daadwerkelijk oproepen zijn gedaan of arbeid als gevolg van een oproep is verricht, betaalt de werkgever aan de werknemer aan wie consignatie is opgelegd per dag waarop die consignatie wordt opgelegd een toeslag van één procent van zijn bruto-maandloon, tenzij schriftelijk anders is overeengekomen.

7. De Directeur kan het opleggen van consignatie aan een of meer werknemers in een onderneming verbieden, dan wel daaraan nadere voorwaarden verbinden of beperkingen stellen, indien hem dat met het oog op de gezondheid of het welzijn van de betrokken werknemer of werknemers wenselijk voorkomt.

Artikel 26

1. Voor de toepassing van dit artikel wordt onder nachtdienst verstaan arbeid die volgens een werkrooster, anders dan bij wijze van overwerk, op of na 0.00 uur of voor 6.00 uur wordt verricht en met een tijdsduur van ten minste vier uren.

2. De arbeidsduur per nachtdienst, exclusief pauze, bedraagt ten hoogste acht uren.

3. De werkgever deelt de arbeid zo in, dat:

a. de werknemer in elke periode van vier aaneengesloten weken ten hoogste 14 maal arbeid in nachtdienst verricht;

b. de werknemer na het verrichten van arbeid in nachtdienst een onafgebroken rusttijd heeft van ten minste 12 uren, indien de nachtdienst voor of op 2.00 uur eindigt, dan wel van 14 uren indien de nachtdienst na 2.00 uur eindigt, met dien verstande dat de rusttijd in een aaneengesloten periode van zeven maal 24 uren eenmaal kan worden bekort tot tenminste 8 uren;

c. de werknemer na ten hoogste 6 maal achtereen arbeid in nachtdienst te hebben verricht een onafgebroken rusttijd heeft van ten minste 48 uren.

4. Het derde lid, onderdeel a, is niet van toepassing op de werknemer wiens werkzaamheden naar de aard ervan hoofdzakelijk of uitsluitend en geheel of gedeeltelijk worden verricht tussen de in het eerste lid bedoelde tijdstippen.

5. Bij collectieve regeling kan van het tweede en derde lid worden afgeweken.

Artikel 27

Bij landsbesluit, houdende algemene maatregelen, kunnen ten aanzien van daarin genoemde bedrijfstakken of ten aanzien van daarin genoemde soorten arbeid nadere of afwijkende regels worden gesteld ten aanzien van de hoofdstukken 2 en 3.

HOOFDSTUK 7

Bijzondere verplichtingen voor de werkgever

Artikel 28

1. Elke werkgever draagt zorg voor een toegankelijke en bijgewerkte bekendmaking van een arbeidslijst. De arbeidslijst geeft een systematisch overzicht van de verschillende binnen de onderneming aanwezige functies en het daarbij behorende personeelsbestand, alsmede van de binnen de onderneming gehanteerde werktijden of werkroosters en van de binnen de onderneming geldende rusttijden.

2. De werkgever zendt een afschrift van de arbeidslijst, alsmede van elke wijziging daarvan, aan de Directeur.

3. De Directeur kan de toepassing van de werktijden of een werkrooster, zoals opgenomen in de arbeidslijst, ten aanzien van een werknemer of een bepaalde groep werknemers in een onderneming geheel of gedeeltelijk verbieden dan wel daaromtrent bindende aanwijzingen geven, indien:

   a. hij van oordeel is dat de aard van de onderneming arbeid gedurende de op de arbeidslijst vermelde arbeidstijden niet noodzakelijk maakt, een en ander uitsluitend voor zover die arbeidstijden vallen binnen de in artikel 10, eerste lid, bedoelde rusttijden;

b. hem dat met het oog op de gezondheid of het welzijn van de betreffende werknemer of werknemers wenselijk voorkomt.

4. Indien ten behoeve van de betreffende onderneming een vaststelling als bedoeld in artikel 9 is afgegeven, wordt een afschrift daarvan aan de arbeidslijst gehecht, op zodanige wijze dat daarvan door de betrokken werknemers gemakkelijk kennis kan worden genomen.

5. Bij landsbesluit, houdende algemene maatregelen, kunnen nadere regels worden gesteld met betrekking tot de arbeidslijst.

Artikel 29

Indien de werknemer in opdracht van de werkgever zijn werkzaamheden moet aanvangen op een tijdstip dat meer dan een uur afwijkt van de voor de werknemer geldende of gebruikelijke werktijd als aangegeven op de arbeidslijst, bedoeld in artikel 28, dan wel indien de werkgever voorziet dat de werknemer overwerk zal verrichten of dat van de op die lijst aangegeven tijdstippen zal moeten worden afgeweken anders dan bij wijze van overwerk, wordt die opdracht ten minste twee maal 24 uren voorafgaand aan dat afwijkende tijdstip door de werkgever aan de werknemer kenbaar te maken.

Artikel 30

1. De werkgever zendt op verzoek van de Directeur een personeelsregister, waarin ten minste de namen, geboortedata, nationaliteiten en functies van de werknemers in de onderneming, alsmede de personeelsbehoefte van zijn onderneming voor het navolgende kalenderjaar, vermeld staan. Van vergunningsplichtige werknemers wordt het nummer en de datum van afgifte en verloop van de verblijfsvergunning vermeld.

2. Bij landsbesluit, houdende algemene maatregelen, kunnen nadere regels worden gesteld ten aanzien van het personeelsregister.

Artikel 31

1. De werkgever zendt op verzoek van de Directeur een register van het binnen zijn onderneming verrichte overwerk over ten hoogste de afgelopen twaalf maanden. Het register geeft een overzicht van de namen van de werknemers, die overwerk hebben verricht, de data waarop het overwerk is verricht, de duur van het verrichte overwerk per werknemer en de voor het overwerk gegeven compensatie.

2. Bij landsbesluit, houdende algemene maatregelen, kunnen nadere regels worden gesteld ten aanzien van het overwerkregister.

Artikel 32

Alle ten gevolge van deze landsverordening opgemaakte, overgelegde en over te leggen stukken zijn vrij van zegel en worden, indien registratie verplicht is gesteld, kosteloos geregistreerd.

HOOFDSTUK 8

Geheimhouding

Artikel 33

Een ieder die betrokken is bij de uitvoering van deze landsverordening en daarbij de beschikking krijgt over gegevens waarvan hij het vertrouwelijke karakter kent of redelijkerwijs moet vermoeden, en voor wie niet reeds uit hoofde van ambt, beroep of wettelijk voorschrift ter zake van die gegevens een geheimhoudingsplicht geldt, is verplicht tot geheimhouding van die gegevens, behoudens voor zover enig wettelijk voorschrift hem tot mededeling verplicht of uit zijn taak de noodzaak tot mededeling voortvloeit.

HOOFDSTUK 9

Overige bevoegdheden van de Directeur

Artikel 34

Onverminderd artikel 1 is de Directeur bevoegd te bepalen dat:

a. een andere dag dan de zondag als rustdag wordt aangemerkt, mits op schriftelijk verzoek van de werknemer;

b. de in een bepaalde onderneming verrichte arbeid niet als ploegenarbeid wordt beschouwd.

HOOFDSTUK 10

Strafbepalingen

Artikel 35

1. Degene die opzettelijk handelt in strijd met het in artikel 19, eerste lid, gestelde verbod dan wel met een bij een ontheffing als bedoeld in artikel 19, derde lid, gestelde voorwaarde of beperking, wordt gestraft met hetzij een gevangenisstraf van ten hoogste vier jaren, hetzij een geldboete van de vierde categorie.

2. Degene die de bij of krachtens artikel 20 dan wel de bij artikel 33 gestelde voorschriften overtreedt, wordt gestraft met hetzij hechtenis van ten hoogste een jaar, hetzij een geldboete van de derde categorie.

3. De in het eerste lid strafbaar gestelde feiten zijn misdrijven. De in het tweede lid strafbaar gestelde feiten zijn overtredingen.

HOOFDSTUK 11

Overgangs- en slotbepalingen

Artikel 36

1. De Arbeidsverordening (AB 1990 no. GT 57) wordt ingetrokken.

2. Het Horecabesluit (AB 1991 no. GT 19) en het Arbeidsbesluit Casino (AB 1990 no. GT 15) blijven tot 1 januari 2014 van kracht als landsbesluiten, houdende algemene maatregelen, ter uitvoering van artikel 27.

Artikel 37

De werkgever die op het tijdstip van inwerkingtreding van deze landsverordening beschikt over een goedgekeurde werktijdenregeling als bedoeld in artikel 2, eerste lid, van het Arbeidsbesluit I (AB 1990 no. GT 58), waarin een arbeidsduur wordt toegepast welke afwijkt van de artikelen 8 of 13 van deze landsverordening, wordt voor een periode van ten hoogste een jaar, te rekenen vanaf het tijdstip van inwerkingtreding van deze landsverordening, gelijkgesteld met een werkgever waarop artikel 24 van deze landsverordening van toepassing is.

Artikel 38

Arbeidslijsten die op grond van artikel 2 van het Landsbesluit arbeidslijst (AB 1990 no. GT 30) zijn vastgesteld, worden vanaf het tijdstip van inwerkingtreding van deze landsverordening aangemerkt als arbeidslijsten als bedoeld in artikel 28 van deze landsverordening.

Artikel 39

Indien na het tijdstip van inwerkingtreding van deze landsverordening een wijziging in de aanduiding van de "Directie Arbeid en Onderzoek" in artikel 1 optreedt, wordt dat artikel dienovereenkomstig bij landsbesluit aangepast. Een zodanig landsbesluit wordt geplaatst in het Afkondigingsblad van Aruba.

Artikel 40

1. Deze landsverordening treedt in werking met ingang van 1 april 2013, met uitzondering van artikel 16, tweede lid, onderdelen a en c, en het derde lid, onderdelen a en c, dat in werking treedt op een bij landsbesluit te bepalen tijdstip, welk zich op of na 1 januari 2014 bevindt.

2. Tot dat de in het eerste lid bedoelde bepalingen inwerking treden, wordt aan de werknemer een overwerktoeslag van ten minste 50 percent van zijn uurloon betaald, indien het overwerk wordt verricht op een feest- of herdenkingsdag als bedoeld in artikel 16, tweede lid, onderdeel c, of het derde lid, onderdeel c.

3. Zij kan worden aangehaald als Arbeidsverordening 2013.

Horecabesluit

Vindplaats:

AB 1991 GT no. 19

Geldig tot 1 januari 2014

Artikel 1

1. Bij arbeid in ondernemingen, waarvoor een vergunning is verleend ingevolge de Vergunningsverordening (AB 1990 no. GT 43) dan wel enige andere wettelijke regeling ter vervanging van genoemde landsverordening, mag de arbeidsduur ten hoogste acht en een half uur per dag bedragen en achtenveertig uren per week, mits de arbeid wordt verricht volgens werktijdenregelingen welke door de bevoegde autoriteit, gehoord de commissie, bedoeld in artikel 21, eerste lid, van de Arbeidsverordening (AB 1990 no. GT 57), zijn goedgekeurd. Aan deze goedkeuring kunnen voorwaarden worden verbonden.

2. Bij arbeid als in het eerste lid bedoeld, is het bepaalde in de artikelen 5, 8 en 9, voor zover het nachtarbeid van vrouwen betreft, artikel 17 van de Arbeidsverordening niet van toepassing.

Artikel 2

Dit landsbesluit kan worden aangehaald als Horecabesluit.

Arbeidsbesluit Casino

Vindplaats: AB 1991 GT no. 15

Geldig tot 1 januari 2014

Artikel 1

1. Bij arbeid in ondernemingen waarvoor een vergunning is verleend ingevolge de Landsverordening hazardspelen dan wel enige andere wettelijke regeling ter vervanging van genoemde landsverordening, mag de arbeidsduur ten hoogste acht en een half uur per dag en een gemiddelde arbeidstijd van ten hoogste vijfenvijftig uren per week, berekend over een periode van vier weken, bedragen, mits de arbeid wordt verricht volgens werktijdenregelingen welke door de bevoegde autoriteit, gehoord de commissie, bedoeld in artikel 21, eerste lid, van de Arbeidsverordening, zijn goedgekeurd. Aan deze goedkeuring kunnen voorwaarden worden verbonden.

2. Bij arbeid als in het eerste lid bedoeld, is het bepaalde in de artikelen 5, 7, 8 en 9 en voor zover het nachtarbeid van vrouwen betreft, het bepaalde in artikel 17 van de Arbeidsverordening niet van toepassing.

3. De tewerkstelling van vrouwen in een onderneming als bedoeld in het eerste lid kan slechts geschieden met inachtneming van de voorwaarde dat er op grond van sekse geen onderscheid zal mogen worden gemaakt tussen de salariëring van mannen en die van vrouwen.

Artikel 2

Dit landsbesluit kan worden aangehaald als Arbeidsbesluit casino.

Landsverordening beëindiging arbeidsovereenkomsten

Vindplaats:
AB 1989 GT no. 14

Wijziging:
AB 1988 no. 80; 1997 no. 34, AB 2013 no. 20

Algemene bepalingen

Artikel 1

In deze landsverordening wordt verstaan onder:

Directeur:

de Directeur van de Directie Arbeid;

werknemer:

de arbeider, bedoeld in artikel 1613 van het Burgerlijk Wetboek van Aruba;

werkgever:

de werkgever, bedoeld in artikel 1613a van het Burgerlijk Wetboek van Aruba;

dringende reden voor de werkgever, onderscheidenlijk de werknemer:

zodanige daden, eigenschappen of gedragingen van de werknemer, welke ten gevolge hebben, dat van de werkgever redelijkerwijze niet kan worden gevergd de arbeidsovereenkomst te laten voortduren, onderscheidenlijk zodanige omstandigheden, welke ten gevolge hebben dat van de werknemer redelijkerwijze niet kan worden gevergd, de arbeidsovereenkomst te laten voortduren.

Artikel 2

Deze landsverordening is niet van toepassing op de arbeidsovereenkomst van:

a. werknemers bij een publiekrechtelijk lichaam;

b. onderwijzend en docerend personeel, werkzaam bij onderwijsinrichtingen, staande onder beheer van een natuurlijk of rechtspersoon;

c. personen, die een geestelijk ambt bekleden;

d. vrouwelijke werknemers, die uitsluitend of in hoofdzaak huishoudelijke of persoonlijke diensten in de huishouding van private personen verrichten;

e. de buiten Aruba te werk gestelde werknemers van een Aruba vrijgestelde vennootschap.

Artikel 3

1. Bij landsbesluit wordt een commissie benoemd, die tot taak heeft de Directeur van advies te dienen met betrekking tot ieder bij hem ingediend verzoek om een arbeidsovereenkomst te mogen beëindigen.

2. De commissie bestaat uit tenminste vier leden, van wie de helft uit de vertegenwoordigers der werknemers en de helft uit vertegenwoordigers der werkgevers.

3. In het eerste lid bedoelde landsbesluit worden tevens de personen aangewezen die de leden van de daargenoemde commissies ingeval van ziekte of ontstentenis zullen vervangen.

Artikel 4

1. Het is de werkgever verboden de arbeidsovereenkomst te beëindigen zonder toestemming van de Directeur.

2. Het verbod, bedoeld in het eerste lid, geldt niet:

a. indien de beëindiging geschiedt om een dringende aan de werknemer of de werkgever onverwijld medegedeelde reden;

b. indien de beëindiging geschiedt met wederzijds goedvinden;

c. indien de beëindiging geschiedt tijdens de proeftijd.

3. De Directeur besluit na de commissie, bedoeld in artikel 3, te hebben gehoord.

Artikel 5

1. Onverminderd het bepaalde in artikel 4 dient een werkgever, zodra hij voornemens is binnen een termijn van drie maanden vijf en twintig werknemers of meer dan wel meer dan 25% van het aantal werknemers in een vestiging ener onderneming, voor zover dit percentage niet resulteert in vijf of minder werknemers, te ontslaan dit voornemen

minstens twee maanden voor het beëindigen der arbeidsovereenkomst aan de Directeur te kennen te geven.

2. Binnen acht dagen na de kennisgeving legt de werkgever aan de Directeur een afvloeiingsplan voor.

Artikel 6

Bij landsbesluit, houdende algemene maatregelen, kunnen nadere voorschriften worden gegeven ter uitvoering van de bepalingen van deze landsverordening.

Artikel 7

1. Handelingen in strijd met artikel 4, eerste lid, zijn nietig.

2. Ten aanzien van handelingen van de werkgever kan de werknemer deze nietigheid gedurende zes maanden inroepen.

Artikel 7a

(vervallen AB 2013 no. 20)

Artikel 8

Hij die handelt in strijd met het bepaalde in artikelen 4 of 5 wordt gestraft met hechtenis van ten hoogste zes maanden en geldboete van ten hoogste tienduizend florin, hetzij met één van die straffen.

Artikel 9

(vervallen)

Artikel 10

De strafbare feiten in deze landsverordening genoemd worden beschouwd als overtredingen.

Artikel 11

(vervallen)

Artikel 12

Deze landsverordening kan worden aangehaald als Landsverordening beëindiging arbeidsovereenkornsten.

Landsverordening minimumlonen

Vindplaats:

AB 1989 GT no. 26

Wijziging:

AB 1992 no. 81; 1993 no. 2, no. 77; 1994 no. 66, no. 67; 1995 no. 84; 1997 no. 5, no. 34; 1998 no. 1; 1999 no. 22; 2002 no. 51; 2003 no. 93; 2005 no. 71; 2006 no. 83; 2008 no. 41; 2009 no. 60; 2011 no. 75; 2013 no. 19, 2013 no. 20;

Hoofdstuk 1

Algemene bepalingen

Artikel 1

Voor de toepassing van het bij of krachtens deze landsverordening bepaalde wordt onder de Minister verstaan de minister van Welzijnszaken.

Artikel 2

1. Voor de toepassing van het bij of krachtens deze landsverordening bepaalde, wordt onder normale arbeidsduur verstaan de arbeidsduur van ten minste 40 uur per week.

2. In afwijking van het bepaalde in het eerste lid kan de Minister, de Sociaal-Economische Raad gehoord, ambtshalve dan wel op gezamenlijk verzoek van een werkgever of een rechtspersoonlijkheid bezittende organisatie van werkgevers en een zodanige organisatie van werknemers voor één of meer groepen werknemers een andere arbeidsduur als normale arbeidsduur vaststellen.

Artikel 3

1. Voor de toepassing van het bij of krachtens deze landsverordening bepaalde wordt onder dienstbetrekking verstaan de dienstbetrekking krachtens arbeidsovereenkomst naar burgerlijk recht.

2. Onder dienstbetrekking wordt mede verstaan de arbeidsverhouding van degene die krachtens overeenkomst met een ander tegen beloning geregeld bemiddeling verleent bij het tot stand komen van overeenkomsten van die ander - of een opdrachtgever van deze - met derden, mits hij de bedoelde bemiddeling uitsluitend voor die ander verleent, het verlenen van die bemiddeling niet een voor hem bijkomstige werkzaamheid is en hij zich daarbij doorgaans niet door meer dan twee personen laat bijstaan.

3. Onder dienstbetrekking wordt niet verstaan de arbeidsverhouding:

a. tussen de werkgever en zijn echtgenoot of tussen de werkgever en een bij hem inwonend pleegkind of een bij hem inwonende bloed- of aanverwant in de rechte lijn of in de zijlijn tot en met de derde graad;

b. waarin als regel gedurende niet meer dan een derde van de normale arbeidsduur arbeid wordt verricht.

Artikel 4

Voor de toepassing van het bij of krachtens deze landsverordening bepaalde wordt onder werknemer verstaan de natuurlijke persoon, die in het kader van een dienstbetrekking werkzaamheden verricht.

Artikel 5

1. Voor de toepassing van het bij of krachtens deze landsverordening bepaalde wordt onder werkgever verstaan de natuurlijke of rechtspersoon of het lichaam, tot wie een werknemer in dienstbetrekking staat.

2. In het geval, bedoeld in artikel 3, tweede lid, wordt onder werkgever verstaan de natuurlijke persoon of rechtspersoon of het lichaam, met wie de overeenkomst tot het verlenen van bemiddeling is gesloten.

Artikel 6

Voor de toepassing van het bij of krachtens deze landsverordening bepaalde wordt onder werkdag verstaan een dag, waarop de werknemer arbeid heeft verricht, of een dag, waarop hij weliswaar geen arbeid heeft verricht, doch waarover hij desalniettemin recht heeft op loon, ingevolge enige wettelijke bepaling of uit de overeenkomst waarop de dienstbetrekking berust.

Artikel 7

Voor de toepassing van het bij of krachtens deze landsverordening bepaalde worden onder loon verstaan de geldelijke inkomsten die een vast bestanddeel van het inkomen uit hoofde van een dienstbetrekking van een werknemer vormen met uitzondering van:

a. verdiensten uit overwerk;

b. vakantiebijslagen;

c. winstuitkeringen;

d. uitkeringen bij bijzondere gelegenheden;

e. uitkeringen ingevolge aanspraken om na verloop van tijd of onder een voorwaarde één of meer uitkeringen te ontvangen;

f. vergoedingen voor zover zij geacht kunnen worden te strekken tot bestrijding van noodzakelijke kosten, die de werknemer in verband met zijn dienstbetrekking heeft te maken;

g. bijzondere vergoedingen voor kostwinners en gezinshoofden;

h. onverplichte fooien die de werknemer in de uitoefening van zijn dienstbetrekking van derden ontvangt;

i. maaltijdvergoedingen.

2. Bij landsbesluit, houdende algemene maatregelen, kunnen andere uitzonderingen dan de in het eerste lid genoemde worden gesteld.

3. De Minister kan, de Sociaal-Economische Raad gehoord, regelen stellen naar welke wordt beoordeeld welke inkomsten moeten worden aangemerkt als uitkeringen of vergoedingen als bedoeld in het eerste lid onder c tot en met g.

4. Alvorens de Gouverneur een voordracht tot een landsbesluit, houdende algemene maatregelen, als bedoeld in het tweede of derde lid, wordt gedaan, stelt de Minister de Sociaal-Economische Raad in de gelegenheid, hem ter zake van advies te dienen.

Hoofdstuk II

Minimumloon

Artikel 8

1. Uit de overeenkomst, waarop een dienstbetrekking berust, heeft de werknemer, die de leeftijd van 18 jaar heeft bereikt, voor de arbeid door hem in dienstbetrekking verricht jegens de werkgever aanspraak op een loon ten minste tot het bedrag bij of krachtens de volgende artikelen vastgesteld, onder benaming minimumloon.

2. Bij landsbesluit, houdende algemene maatregelen, kan worden bepaald, dat werknemers - dan wel dat werknemers, behorende tot een bij dit landsbesluit aangewezen categorie - beneden de leeftijd van 18 jaar die een bij dit landsbesluit aangewezen lagere leeftijd hebben bereikt, eveneens aanspraak hebben op een bij dit landsbesluit vast te stellen minimumloon, dat in een redelijke verhouding staat tot de in artikel 9 genoemde bedragen.

3. Uitkeringen waarop een werknemer van 18 jaar of ouder, ingevolge enige wettelijke bepaling of uit de overeenkomst waarop de dienstbetrekking berust, recht heeft over een periode waarin hij tijdens de dienstbetrekking geen arbeid heeft verricht, worden voor de toepassing van het bij of krachtens het eerste of tweede lid bepaalde, aangemerkt als het minimumloon.

4. Alvorens de Gouverneur een voordracht tot een landsbesluit, houdende algemene maatregelen, als bedoeld

in het tweede lid te doen, stelt de Minister de Sociaal-Economische Raad in de gelegenheid, hem ter zake van advies te dienen.

Artikel 9

1. Het minimumloon voor een werknemer van 18 jaar of ouder, bedraagt voor elke betalingstermijn van:

a. een maand of een veelvoud van een maand Afl.1.636,70 onderscheidenlijk een gelijk veelvoud hiervan;

b. een week of een veelvoud van een week Afl. 381,70 onderscheidenlijk een gelijk veelvoud hiervan.

2. In afwijking van het eerste lid bedraagt het minimumloon voor een werknemer van 18 jaar en ouder die uitsluitend of in hoofdzaak huishoudelijke diensten verricht in de huishouding van natuurlijke personen, ten minste Afl. 763,55 per maand. Indien hij gedurende een week minder dan 22 uren arbeid verricht, bedraagt zijn loon ten minste Afl. 8,55 per uur.

Artikel 10

Indien bij collectieve arbeidsovereenkomst een periode van afrekening, welke meerdere uitbetalingstermijnen omvat, is vastgesteld, wordt zodanige periode van afrekening voor de toepassing van artikel 9 als uitbetalingstermijn beschouwd. Een periode van afrekening kan ten hoogste drie maanden omvatten.

Artikel 11

1. De Minister kan op verzoek van een werkgever of een rechtspersoonlijkheid bezittende organisatie van werkgevers of van werknemers het minimumloon voor de werknemers, werkzaam in een door hem bij ministeriële regeling, de Sociaal-Economische Raad gehoord, aangewezen onderneming of tak van bedrijf of beroep, voor telkenmale ten hoogste een jaar lagere bedragen vaststellen dan de in dat lid genoemde, indien naar zijn oordeel het voortbestaan van of de omvang der bedrijvigheid in die onderneming dan wel die tak van bedrijf of beroep ernstig wordt bedreigd. Aan deze vaststelling kunnen voorwaarden worden verbonden. Op een verzoek wordt niet beslist, zo lang niet is gebleken dat de verzoeker met de naar het oordeel van de Minister representatieve organisaties van werknemers onderscheidenlijk van werkgevers terzake overleg heeft gepleegd.

2. Bij toepassing van het eerste lid zullen de daarin bedoelde bedragen niet lager kunnen worden gesteld dan op 75% van de in artikel 9, eerste lid genoemde bedragen.

Artikel 12

Indien een werkgever en een werknemer van 18 jaar of ouder een arbeidsduur zijn overeengekomen, welke korter is dan de normale arbeidsduur als bedoeld in artikel 2, wordt behoudens het in artikel 9, tweede lid, voor huishoudelijk personeel bepaalde, het bedrag dat krachtens artikel 8, 9 en 11 voor de werknemer als minimumloon geldt, naar evenredigheid verminderd.

Artikel 13

1. Indien uit de door het Centraal Bureau voor de Statistiek maandelijks vast te stellen prijsindexcijfers van de gezinsconsumptie blijkt, dat het cijfer voor de maand augustus van het lopende jaar is gestegen in vergelijking met het cijfer voor de maand augustus van het voorafgaande jaar, kan de Minister bij ministeriele regeling, de Sociaal-Economische Raad gehoord, wijziging brengen in de in artikel 9, eerste en tweede lid, genoemde bedragen, welke wijzigingen inwerking treden met ingang van 1 januari van het daaropvolgend jaar.

2. Bij toepassing van het eerste lid worden de in artikel 9, eerste en tweede lid, genoemde bedragen naar evenredigheid met de stijging van de prijsindexcijfers verhoogd en vervolgens afgerond op het dichtstbijzijnde veelvoud van 5 cent.

3. De regering kan in bijzondere omstandigheden bij landsbesluit, houdende algemene maatregelen, de Sociaal-Economische Raad gehoord, wijziging brengen in de in artikel 9, eerste en tweede lid, genoemde bedragen.

Hoofdstuk IIa

Artikel 13a

(vervallen AB 2013 no. 20)

Hoofdstuk III

Straf- en slotbepalingen

Artikel 14

Bedingen, die strijdig zijn met het bij of krachtens deze landsverordening bepaalde, zijn nietig.

Artikel 15

1. De werkgever, die opzettelijk de werknemer een loon toekent, dat minder bedraagt dan het voor deze geldende minimumloon, pleegt een misdrijf en wordt gestraft met hetzij gevangenisstraf van ten hoogste twee jaren en geldboete van ten hoogste vijfentwintigduizend florin, hetzij één van deze straffen.

2. De werkgever aan wiens schuld het te wijten is, dat hij de werknemer een loon toekent, dat minder bedraagt dan het voor deze geldende minimumloon, pleegt een overtreding en wordt gestraft met hetzij hechtenis van ten hoogste een jaar en geldboete van ten hoogste tienduizend florin, hetzij één van deze straffen.

Artikel 16

(vervallen)

Artikel 17

(vervallen)

Artikel 18

(vervallen)

Artikel 19

1. Allen, die uit hoofde van hun ambt of beroep betrokken zijn of zijn geweest bij de uitvoering van voorschriften, bij of krachtens deze landsverordening gegeven, zijn verplicht tot geheimhouding van al hetgeen hun in hun hoedanigheid bekend is geworden, voor zover zij niet uit hoofde van dat ambt of beroep tot mededeling daarvan bevoegd of verplicht zijn.

2. Hij, die opzettelijk de verplichting tot geheimhouding schendt, wordt gestraft met gevangenisstraf van ten hoogste zes maanden of geldboete van ten hoogste duizend florin.

3. Hij aan wiens schuld schending van de verplichting tot geheimhouding is te wijten wordt gestraft met gevangenisstraf van ten hoogste drie maanden of geldboete van ten hoogste zeshonderd florin.

4. De in dit artikel strafbaar gestelde feiten worden beschouwd als misdrijven.

5. Geen vervolging heeft plaats dan op klachte van degene, tegen wie het feit is gepleegd, of, indien het tegen een rechtspersoon, een vennootschap, een vereniging van personen of een doelvermogen is gepleegd, op klachte van de bestuurder, en indien er meer bestuurders zijn, van één dezer.

Artikel 20

(vervallen)

Artikel 21

(vervallen)

Artikel 22

Deze landsverordening kan worden aangehaald als Landsverordening minimumlonen.

Vakantieverordening

Vindplaats:

AB 1993 no. GT 11

Wijzigingen:

AB 1997 no. 34, AB 2013 no. 20

Artikel 1

In deze landsverordening en de naar aanleiding daarvan uitgevaardigde besluiten wordt verstaan onder:

werkgever:

iedere natuurlijke of rechtspersoon die één of meer arbeiders in dienst heeft. Voor de toepassing van deze landsverordening wordt, voor zoveel betreft de werkgever die arbeid in Aruba doet verrichten doch daarbuiten woont of gevestigd is, diens vertegenwoordiger of agent in Aruba als zodanig aangemerkt. Het Land wordt niet als werkgever in de zin van dit artikel beschouwd ten aanzien van die arbeiders die het anders dan op burgerrechtelijke overeenkomst in dienst heeft.

arbeider:

ieder die in dienstverhouding tegen loon arbeid verricht. Voor de toepassing van deze landsverordening worden niet als arbeiders beschouwd personen die krachtens de bepalingen van het Tweede Boek van het Wetboek van Koophandel van Aruba

(AB 1990 no. GT 50) recht hebben op vakantie, thuiswerkers en inwonende kinderen van een werkgever, die uitsluitend voor zijn rekening arbeid verrichten.

loon:

elke uitkering, in welke vorm ook, welke de arbeider gedurende de voor hem geldende arbeidstijd van zijn werkgever ontvangt, uitgezonderd overwerkgelden, premiegelden en vergoedingen voor het tijdelijk verrichten van andere dan zijn gewone arbeid; voor de berekening van het loon worden medegerekend ontvangsten van derden, welke van invloed zijn op de voorwaarden van de arbeidsovereenkomst. Het loon per dag, voorzover niet op deze wijze vastgesteld, wordt berekend:

a. voor de arbeider voor wie een zesdaagse werkweek geldt:

   1° door het tussen werkgever en arbeider overeengekomen loon per uur te vermenigvuldigen met het gemiddelde aantal werkuren per week van de betrokken arbeider en het verkregen product te delen door 6;

   2° door het weekloon te delen door 6;

   3° door het maandloon te vermenigvuldigen met drie en het verkregen product te delen door 78;

b. voor de arbeider voor wie een vijfdaagse werkweek geldt:

1° door het tussen werkgever en arbeider overeengekomen loon per uur te vermenigvuldigen met het gemiddelde aantal werkuren per week van de betrokken arbeider en het verkregen product te delen door 5;

2° door het weekloon te delen door 5;

3° door het maandloon te vermenigvuldigen met drie en het verkregen product te delen door

II. VAN DE VAKANTIE

Artikel 2

1. De arbeider heeft voor ieder jaar dat hij onafgebroken werkzaam is geweest in dienst van éénzelfde werkgever, aanspraak op vakantie gedurende ten minste driemaal het bedongen aantal werkdagen per week met behoud van het loon dat hij tijdens zijn vakantie met werken zou hebben verdiend, met dien verstande evenwel dat de arbeider voor wie een zesdaagse werkweek geldt, aanspraak heeft op vakantie van ten minste vijftien werkdagen.

2. De werkgever is verplicht de arbeider op diens verzoek de in het eerste lid bedoelde vakantie te verlenen, behoudens het bepaalde in de artikelen 5, 6 en 7, terwijl de arbeider verplicht is deze vakantie, ook indien ongevraagd verleend, te nemen.

3. Niet als werkdagen worden aangemerkt de voor de arbeider krachtens zijn werktijdenregeling geldende rustdagen en, voor zover het betreft de arbeider die niet werkzaam is krachtens een werktijdenregeling welke op grond van een regeling ter uitvoering van artikel 20 van de Arbeidsverordening (AB 1990 no. GT 57) werd goedgekeurd, tevens de krachtens die landsverordening met de zondag gelijkgestelde dagen.

Artikel 3

1. De aanspraak op vakantie over een afgelopen jaar vervalt, indien de arbeider gedurende dat jaar van zijn werk is weggebleven:

a. wegens ziekte of ongeval in totaal ten minste zes maanden;

b. ter voldoening aan wettelijke verplichtingen in totaal ten minste zes weken.

2. In geval van afwezigheid van het werk zonder toestemming van de werkgever en zonder wettige reden verliest de arbeider zijn aanspraak op een overeenkomstig deel van zijn vakantie, waarbij een gedeelte van een dag gerekend wordt als een gehele dag.

Artikel 4

1. De vakantie wordt bij voorkeur onafgebroken verleend.

2. Indien de arbeider het verzoekt of de werkzaamheden het wenselijk maken, kan de vakantie worden gesplitst. Ten minste de helft van de vakantie wordt echter aaneensluitend verleend.

3. De beslissing omtrent het tijdstip waarop de vakantie zal ingaan, alsmede die omtrent de tijdvakken waarin de vakantie overigens zal worden gesplitst, berust bij de werkgever. Daarbij dient, voor zover de belangen van het bedrijf en die van het overige personeel dit toelaten, zoveel mogelijk rekening te worden gehouden met de wensen van de arbeider.

III. VAN UITSTEL EN INTREKKING VAN DE VAKANTIE

Artikel 5

De werkgever kan een vakantie waarvan het tijdstip van ingang reeds overeenkomstig artikel 4 is vastgesteld, slechts om redenen van bedrijfsbelang of op verzoek van de arbeider uitstellen en op een later tijdstip doen ingaan.

Artikel 6

1. De werkgever kan een vakantie welke reeds is ingegaan, slechts om redenen van bedrijfsbelang of op verzoek van de arbeider intrekken en het nog niet genoten deel daarvan op een later tijdstip doen ingaan, een en ander onverminderd het bepaalde in artikel 4, tweede lid, tweede volzin.

2. De dag waarop de arbeider als gevolg van de intrekking slechts gedeeltelijk vakantie geniet, wordt niet geteld als een vakantiedag.

Artikel 7

1. Indien de arbeider bij de aanvang van zijn vakantie ongeschikt is tot werken in de zin van de Landsverordening ongevallenverzekering, dan wel op dat tijdstip of tijdens zijn vakantie ziek is of wordt in de zin der Landsverordening ziekteverzekering, wordt de vakantie onderscheidenlijk het nog niet genoten deel daarvan beschouwd als te zijn ingetrokken.

2. Het bepaalde in artikel 6 is, voorzover mogelijk, van overeenkomstige toepassing.

Artikel 8

De werkgever vergoedt de schade ter zake van eventuele reis- of verblijfkosten, welke de arbeider als onmiddellijk gevolg van uitstel van de vakantie krachtens artikel 5 dan wel intrekking daarvan op grond van artikel 6 mocht lijden, tenzij het uitstel of de intrekking op verzoek van de arbeider is geschied.

IV. VAN SAMENVOEGING VAN EN VERGOEDING VOOR NIET GENOTEN VAKANTIE

Artikel 9

1. De vakantie waarop aanspraak is verkregen, doch welke nog niet genoten is op het tijdstip dat een nieuwe aanspraak ontstaat, en de vakantie krachtens deze nieuwe aanspraak worden samengevoegd tot een maximum aantal werkdagen, gelijk aan zesmaal het bedongen aantal werkdagen per week.

2. De werkgever is verplicht de samengevoegde maximum vakantie binnen drie maanden na aanvraag te doen ingaan, terwijl de arbeider verplicht is deze vakantie, ook indien ongevraagd verleend, te nemen. Voor bedrijven waarin op basis van vierentwintig uren per dag wordt gewerkt, geldt een termijn van zes maanden.

3. De samengevoegde maximum vakantie wordt onafgebroken verleend en kan niet worden uitgesteld of ingetrokken, behoudens het bepaalde in artikel 7, in welk geval het niet genoten deel daarvan ingaat de dag, volgende op die van het herstel van de arbeider in de zin van de desbetreffende regeling.

Artikel 10

1. De werkgever betaalt de arbeider voor niet genoten vakantie waarop bij het eindigen van de dienstbetrekking aanspraak bestaat, een bedrag, gelijk aan zijn in geld uitgedrukt ten tijde van dat eindigen geldend loon over het aantal dagen der niet genoten vakantie.

2. Voor de toepassing van het bepaalde in het eerste lid en in afwijking van het bepaalde in artikel 2, eerste lid, wordt, onverminderd het bepaalde in artikel 3, geacht mede aanspraak te bestaan op een evenredig aantal vakantiedagen over de periode gedurende welke de arbeider bij dezelfde werkgever onafgebroken in dienst is geweest, en waarover hij geen vakantie heeft genoten. Bij de berekening van het aantal vakantiedagen wordt een gedeelte van een dag gerekend als een gehele dag.

V. ALGEMENE BEPALINGEN

Artikel 11

Het is de arbeider verboden gedurende een hem verleende vakantie arbeid ten behoeve van zijn werkgever of derden te verrichten.

Artikel 12

Het is de werkgever verboden de arbeider gedurende diens vakantie werkzaamheden te laten verrichten.

Artikel 13

(vervallen)

Artikel 14

De werkgever houdt een register bij van de per arbeider verleende en genoten vakantie; het register ligt ter inzage voor de arbeiders en de toezichthoudende ambtenaren.

Artikel 15

Alle tengevolge van deze landsverordening opgemaakte of overgelegde stukken, verzoekschriften en beschikkingen zijn vrij van het recht van zegel en van de formaliteit van registratie.

Artikel 16

1. De vakantieregeling in een arbeidsovereenkomst of arbeidsreglement mag slechts ten voordele van de arbeider van het in deze landsverordening bepaalde afwijken.

2. Als niet overeengekomen wordt beschouwd iedere voorwaarde welke erop gericht is de aanspraak op vakantie geheel of gedeeltelijk afhankelijk te doen zijn van de verlenging of wijziging van de arbeidsovereenkomst, dan wel van het aangaan van een andere arbeidsovereenkomst.

VI. TOEZICHT

Artikel 16a

(vervallen AB 2013 no. 20)

VI. STRAFBEPALINGEN

Artikel 17

1. Met hechtenis van ten hoogste een maand of geldboete van ten hoogste duizend florin wordt gestraft hij die het bepaalde bij de artikelen 2, 9, 11, 12 en 14 niet of niet volledig nakomt.

2. De feiten, in het eerste lid bedoeld, worden beschouwd als overtredingen.

Artikel 18

(vervallen)

VII. Slotbepalingen

Artikel 19

Deze landsverordening kan worden aangehaald als Vakantieverordening.

Veiligheidsverordening

Vindplaats:

AB 1990 GT no. 31

Wijziging:

AB 1997 no. 34, AB 2013 no. 20

Artikel 1

1. Deze landsverordening verstaat onder:

arbeid:
alle werkzaamheden in een onderneming;

arbeider:
een ieder die arbeid verricht.

2. Voor de toepassing van deze landsverordening worden met een onderneming gelijkgesteld:

a. inrichtingen tot het verplegen van zieken;

b. inrichtingen tot het verzorgen van hulpbehoevenden;

c. alle inrichtingen, bedrijven of takken van dienst onder beheer van de overheid of van publiekrechtelijke lichamen;

d. inrichtingen of bedrijven van rechtspersoonlijkheid bezittende verenigingen of van stichtingen;

e. kantoren van personen die een vrij beroep uitoefenen, van rechtspersoonlijkheid bezittende verenigingen en van stichtingen;

f. sociëteiten;

g. het uitvoeren in eigen beheer van de bouw, de aanleg, de verbouwing, de herstelling, het onderhoud of de sloping van gebouwen;

h. het in eigen beheer graven, boren, verbeteren, uitdiepen en onderhouden van putten, alsmede de uitvoering van andere grondwerken;

i. het uitvoeren van werken onder water.

Artikel 2

1. Ter beveiliging van de arbeid kunnen bij landsbesluit, houdende algemene maatregelen, voorschriften worden gegeven ten aanzien van:

a. het voorkomen van ongevallen;

b. het verschaffen van hulp bij ongevallen;

c. het voorkomen en beperken van brand en van ongevallen bij brand;

d. het voorkomen van vergiftiging, besmetting of beroepsziekten;

e. het verstrekken van drinkwater of andere alcoholvrije dranken;

f. het bevorderen van de zindelijkheid;

g. de aanwezigheid van voldoende zindelijke privaten en urinoirs;

h. het bevorderen van een dragelijke temperatuur;

i. de verlichting;

j. de electrische installaties;

k. het tegengaan van de verspreiding van schadelijke of hinderlijke dampen en van stof en, waar dit niet mogelijk is, de verwijdering daarvan.

2. De minister van Justitie of de door hem daartoe aangewezen ambtenaar kan nadere voorschriften en aanwijzingen geven ten aanzien van de wijze van uitvoering van de in het eerste lid bedoelde voorschriften.

3. De minister van Justitie of de door hem daartoe aangewezen ambtenaar is bevoegd bij het niet nakomen van de voorschriften bij of krachtens deze landsverordening gegeven, de arbeid ter plaatse waar deze voorschriften niet worden nagekomen, te doen staken. Gelijke bevoegdheid bestaat ten aanzien van de arbeid die voor personen onmiddellijk gevaar oplevert.

4. Het in het derde lid bedoelde bevel tot staking van de arbeid moet schriftelijk en gedagtekend gegeven worden.

5. De ministeriële beschikking houdende aanwijzing van de ambtenaar, bedoeld in het tweede en derde lid van dit artikel, wordt in het Afkondigingsblad van Aruba bekendgemaakt.

6. Het hoofd of de bestuurder van de onderneming is verplicht te zorgen dat in zijn onderneming onverwijld aan een bevel als in het derde lid van dit artikel bedoeld, wordt voldaan; hij is eveneens verplicht te zorgen dat de arbeid

niet eerder wordt hervat dan nadat het bevel tot staking is ingetrokken door degene die dit bevel gaf. Hij die het bevel gaf, kan ter uitvoering hiervan de hulp inroepen van de sterke arm.

7. Het hoofd of de bestuurder van de onderneming geeft onverwijld kennis aan de ambtenaar, bedoeld in het tweede lid, van:

a. ongevallen met dodelijk gevolg;

b. ongevallen waarbij de getroffene of getroffenen in een verplegingsinrichting moeten worden opgenomen;

c. ongevallen die zodanige verwondingen veroorzaken, dat blijvende gehele of gedeeltelijke invaliditeit hier het gevolg van kan zijn;

d. ongevallen waarbij door toevallige omstandigheden geen persoonlijk letsel werd ondervonden. Deze ongevallen zullen bij landsbesluit, houdende algemene maatregelen, nader worden omschreven.

8. De ambtenaar, bedoeld in het tweede lid, is te allen tijde bevoegd ter zake van een ongeval een onderzoek in te stellen of te doen instellen.

9. Het hoofd of de bestuurder van de onderneming is verplicht de nodige maatregelen te nemen, opdat ter plaatse van het ongeval alles zoveel mogelijk in onveranderde toestand blijft, tenzij daaruit gevaar kan ontstaan.

10. Het hoofd of de bestuurder van de onderneming is verplicht bij bovenbedoeld onderzoek de hulp te verlenen of te doen verlenen, die door de met het onderzoek belaste ambtenaren redelijkerwijze wordt verlangd om de oorzaak en de toedracht van het ongeval te kunnen vaststellen. Onder hulp wordt ten deze mede begrepen het afstaan van voorwerpen of stoffen in het belang van het onderzoek.

Artikel 3

1. Het hoofd of de bestuurder van een onderneming is verplicht te zorgen dat in zijn onderneming voorschriften of aanwijzingen gegeven bij of krachtens deze landsverordening volledig nageleefd worden.

2. In een nijverheidsonderneming waar meer dan honderd arbeiders werkzaam zijn, is het hoofd of de bestuurder van die onderneming verplicht ten minste één persoon te belasten met het toezicht op de naleving van de bij of krachtens deze landsverordening gegeven voorschriften of aanwijzingen.

3. Gelijke verplichting als in het eerste lid van dit artikel op het hoofd of de bestuurder van een onderneming is gelegd, rust op de personen die ingevolge het tweede lid van dit artikel belast zijn met het toezicht op de naleving van enig voorschrift of aanwijzing gegeven bij of krachtens deze landsverordening.

Artikel 4

1. Wanneer bij landsbesluit, houdende algemene maatregelen, als bedoeld in artikel 2, eerste lid, aan de arbeider gebods- of verbodsvoorschriften zijn gegeven, is deze gehouden die voorschriften op te volgen.

2. Die voorschriften moeten door het hoofd of de bestuurder van de onderneming aan alle in zijn onderneming werkzame arbeiders worden bekendgemaakt. Hij zal zorgdragen dat aan deze voorschriften wordt voldaan.

3. Gelijke verplichtingen als in het tweede lid van dit artikel op het hoofd of de bestuurder van een onderneming zijn gelegd, rusten op het toezichthoudend personeel voor zover het door het hoofd of de bestuurder van de onderneming is belast met de zorg voor de naleving van deze bepalingen.

4. Aan de verplichting van het hoofd of de bestuurder en het toezichthoudend personeel wordt geacht te zijn voldaan, wanneer zij aantonen, dat door hen de nodige bevelen zijn gegeven, de nodige middelen zijn verschaft en tevens het redelijkerwijze te vorderen toezicht is gehouden om de naleving te verzekeren van de bepalingen, voor welker naleving zij verplicht waren te zorgen.

Artikel 4a

1. Het hoofd of de bestuurder van de onderneming is verplicht te zorgen dat in zijn onderneming bij landsbesluit, houdende algemene maatregelen, aangewezen werktuigen, toestellen, vaten of gereedschappen niet worden vervaardigd, verkocht, verhuurd, afgeleverd of ter aflevering dan wel ten gebruik voorhanden worden gehouden, indien deze niet aan bij dat landsbesluit gestelde voorschriften voldoen.

2. Bij landsbesluit, houdende algemene maatregelen, worden voorschriften gegeven met betrekking tot de constructie en de beproeving van bij dat landsbesluit aangewezen toestellen en vaten, welke gevaar voor ontploffing opleveren.

Artikel 4b

(vervallen AB 2013 no. 20)

Artikel 5

1. Het hoofd of de bestuurder van een onderneming die, nadat een bevel tot staking van de arbeid is gegeven, in strijd met dat bevel de arbeid doet of laat hervatten, wordt gestraft met hechtenis van ten hoogste zes maanden of geldboete van ten hoogste tweeduizend florin.

2. Hij die een voorschrift of aanwijzing gegeven krachtens artikel 2, eerste of tweede lid, dan wel een verplichting op grond van de artikelen 3, 4 of 4a niet naleeft, wordt gestraft met hechtenis van ten hoogste drie maanden of geldboete van ten hoogste duizend florin.

3. Het in het eerste lid strafbaar gestelde feit is een misdrijf; de in het tweede lid strafbaar gestelde feiten zijn overtredingen.

Artikel 6

(vervallen)

Artikel 7

1. De in artikel 4b bedoelde ambtenaren zijn verplicht tot geheimhouding van hetgeen hun in plaatsen waar zij krachtens dat artikel binnentreden, omtrent het daar uitgeoefend wordend bedrijf is bekend geworden, voor zover hetgeen hun bekend is geworden niet in strijd is met de bepalingen van deze of van andere landsverordeningen.

2. Hij die opzettelijk de bij het eerste lid opgelegde geheimhouding schendt, wordt gestraft met gevangenisstraf van ten hoogste zes maanden of geldboete van ten hoogste zeshonderd florin, met of zonder ontzetting van het recht om ambten of bepaalde ambten te bekleden.

3. Hij aan wiens schuld schending van de geheimhouding te wijten is, wordt gestraft met hechtenis van ten hoogste drie maanden of geldboete van ten hoogste driehonderd florin.

4. Geen vervolging heeft plaats dan op klachte van het hoofd of de bestuurder van de onderneming of van degene die nadeel van de schending van de geheimhouding heeft ondervonden of kan ondervinden.

Artikel 8

Deze landsverordening kan worden aangehaald als Veiligheidsverordening.

Arbeidsgeschillenverordening

Vindplaats:

AB 1989 no. GT 65

Wijziging:

AB 1997 no. 34

Hoofdstuk I

Inleidende bepalingen

Artikel 1

1. Er is een landsbemiddelaar overeenkomstig het bepaalde bij of krachtens deze landsverordening, tot bevordering van de arbeidsvrede.

2. De Gouverneur benoemt, schorst en ontslaat de landsbemiddelaar en stelt diens instructie vast.

Artikel 2

Deze landsverordening verstaat onder:

a. geschil:
ieder geschil tussen werknemer en één of meer werkgevers over arbeidsaangelegenheden;

b. rechtsgeschil:
ieder geschil dat ingevolge artikel 2, eerste lid, van de Eenvormige landsverordening op de rechterlijke organisatie, uitsluitend ter kennisneming van de rechterlijke macht staat;

c. werknemersraad:
een vertegenwoordiging welke bij vrije en geheime stemming is gekozen uit en door de tot één of meer

categorieën van werknemers behorende werknemers van eenzelfde bedrijf ter behartiging van hun arbeidsaangelegenheden, een en ander zoals nader omschreven in een door de regering goedgekeurd reglement, waarvan een gezamenlijk door of namens het bestuur van het betrokken bedrijf en door de betrokken vertegenwoordiging van werknemers in dat bedrijf gewaarmerkt exemplaar bij de regering is gedeponeerd.

Hoofdstuk II

Geschillen

§1. De tussenkomst van de landsbemiddelaar

Artikel 3

1. Indien een geschil is ontstaan, dat tot staking of uitsluiting aanleiding dreigt te geven en waarbij 25 werknemers of meer betrokken zijn, dient onverwijld door bij het geschil betrokken werkgevers en/of werknemers of door bestuurders van hun vakverenigingen de tussenkomst van de landsbemiddelaar te worden ingeroepen, welke inroeping onverwijld schriftelijk wordt bevestigd.

2. Betreft het een geschil dat tot staking of uitsluiting aanleiding kan geven en waarbij minder dan 25 werknemers betrokken zijn, dan zijn partijen bevoegd schriftelijk de tussenkomst van de landsbemiddelaar in te roepen.

3. Indien een geschil als bedoeld in het eerste of tweede lid van dit artikel, is ontstaan in een bedrijf waarin voor de bij dat geschil betrokken categorie van werknemers een werknemersraad bestaat, wordt, in afwijking in zoverre van het bepaalde in het eerste en het tweede lid van dit artikel, door het bestuur of bij ontstentenis daarvan door de vertegenwoordiger(s) binnen Aruba van dat bedrijf en die werknemersraad over het geschil onderhandeld en getracht zo spoedig mogelijk een oplossing in der minne tot stand te brengen. Ieder van de betrokken partijen geeft aan de landsbemiddelaar kennis van de aanvang van deze onderhandelingen, welke kennisgeving onverwijld schriftelijk wordt bevestigd.

4. Wanneer de landsbemiddelaar van een dreigende staking of uitsluiting dan wel van de aanvang van de onderhandelingen als bedoeld in het derde lid, kennis heeft gekregen krachtens het bepaalde in het eerste, tweede of derde lid van dit artikel of op andere wijze, deelt hij dit onverwijld aan de regering mede.

Artikel 3a

Indien in een bedrijf een geschil is ontstaan, dat tot staking of uitsluiting in dat bedrijf aanleiding geeft of heeft gegeven, dan wel naar het oordeel van de regering kan geven, is het gedurende een bij landsbesluit te bepalen termijn van ten hoogste 30 dagen zowel de werknemer als de werkgever verboden in zodanig bedrijf naar aanleiding van dat geschil het verrichten van arbeid of werkzaamheden, waartoe de werknemers zich uitdrukkelijk hebben verbonden of waartoe zij uit kracht van een overeenkomst verplicht zijn, geheel of gedeeltelijk te staken, te weigeren, na te laten of zodanige arbeid of werkzaamheden al dan niet voorwaardelijk of al dan niet met inachtneming van een termijn op te zeggen, onverminderd de bevoegdheid tot beëindiging van een dienstbetrekking om een dringende reden als bedoeld in de artikelen 1615p en 1615q van het Burgerlijk Wetboek van Aruba.

Artikel 3b

1. Indien in een bij een ter uitvoering van dit lid uitgevaardigd landsbesluit, houdende algemene maatregelen, genoemd bedrijf een geschil is ontstaan of dreigt te ontstaan, is het in de in dat landsbesluit, houdende algemene maatregelen, genoemde bedrijven verboden naar aanleiding

van dat geschil het verrichten van arbeid of werkzaamheden, waartoe de werknemers zich uitdrukkelijk hebben verbonden of waartoe zij uit kracht van een overeenkomst verplicht zijn, geheel of gedeeltelijk te staken, te weigeren, na te laten, of zodanige arbeid of werkzaamheden al dan niet voorwaardelijk of al dan niet met inachtneming van een termijn op te zeggen, totdat de bemiddeling van de landsbemiddelaar ter vereffening of ter voorkoming van het geschil zal zijn geëindigd.

2. Indien in een bedrijf als bedoeld in het eerste lid, een geschilis ontstaan dat tot staking of uitsluiting in dat bedrijf aanleiding geeft of naar het oordeel van de regering kan geven, of indien in een zodanig bedrijf een staking of uitsluiting reeds is ingetreden, is het - onverminderd het bepaalde in het eerste lid - gedurende een bij landsbesluit te bepalen termijn van ten hoogste negentig dagen verboden in zodanig bedrijf naar aanleiding van het geschil het verrichten van arbeid of werkzaamheden, waartoe de werknemers zich uitdrukkelijk hebben verbonden of waartoe zij uit kracht van een overeenkomst verplicht zijn, geheel of gedeeltelijk te staken, te weigeren, na te laten, of zodanige arbeid of werkzaamheden al dan niet voorwaardelijk of al dan niet met inachtneming van een termijn op te zeggen.

Artikel 4

1. Indien de landsbemiddelaar krachtens het bepaalde in het eerste, tweede of derde lid van artikel 3 of op andere wijze kennis heeft gekregen van een geschil dat tot staking of uitsluiting aanleiding dreigt te geven of heeft gegeven, stelt hij zich onverwijld in verbinding met partijen en tracht met alle hem ten dienste staande middelen zo spoedig mogelijk een oplossing tot stand te brengen. Betreft het een geval als bedoeld in artikel 3, derde lid, dan is de taak van de

landsbemiddelaar in de eerste plaats gericht op het plegen van overleg ter verkrijging van een oplossing in der minne tussen het bestuur of bij ontstentenis daarvan de vertegenwoordiger(s) binnen Aruba van dat bedrijf en de betrokken werknemersraad.

2. Hij kan bij het geschil betrokken werkgevers of werknemers of bestuurders van hun vakverenigingen, tot het geven van inlichtingen betreffende het geschil voor zich doen verschijnen.

3. De opgeroepene is verplicht te verschijnen en alle gewenste inlichtingen te verstrekken.

4. Partijen zijn verplicht de landsbemiddelaar alle van hen gevorderde bijstand en medewerking te verlenen, waartoe zij redelijkerwijze in staat zijn.

5. Het bepaalde in het vierde lid van dit artikel blijft buiten toepassing, indien of zolang de landsbemiddelaar zich ingevolge artikel 5 van tussenkomst dient te onthouden, doch de betrokken partijen zijn verplicht hem desverlangd omtrent het verloop van de onderhandelingen in te lichten.

Artikel 4a

De landsbemiddelaar kan ambtshalve zijn bemiddeling aanbieden, met inachtneming van het gestelde in artikel 5.

Artikel 5

1. De landsbemiddelaar onthoudt zich van tussenkomst of van verdere tussenkomst in een geschil:

a. indien hem blijkt, dat partijen eigen bemiddelaars hebben, tenzij uit de omstandigheden valt af te leiden, dat deze bemiddelaars niet in het geschil gekend zullen worden of het optreden van deze bemiddelaars niet tot vereffening van het geschil heeft geleid;

b. indien hem blijkt, dat het geschil een rechtsgeschil is;

c. zolang onderhandelingen als bedoeld in artikel 3, derde lid, gaande zijn en naar zijn oordeel uit de omstandigheden redelijkerwijs valt af te leiden dat die onderhandelingen tot vereffening van het geschil kunnen leiden.

2. Hebben de in het eerste lid, onderdelen a en b, genoemde omstandigheden slechts betrekking op een gedeelte der bij het geschil betrokken werkgevers of werknemers, dan beslist de landsbemiddelaar, naar gelang van omstandigheden, of, en in hoeverre, hij in het geschil tussenbeide zal komen.

Artikel 6

Indien in het geval, bedoeld in artikel 3, tweede lid, de landsbemiddelaar geen termen aanwezig acht voor zijn tussenkomst, geeft hij daarvan kennis aan de verzoekers. Hij kan hun daarbij zodanige raadgevingen verstrekken als hem dienstig schijnen om een minnelijke beëindiging van het geschil te bevorderen.

Artikel 7

1. Indien het geschil meer dan één bedrijf omvat of in verschillende bedrijven is ontstaan kan de Gouverneur op verzoek van de landsbemiddelaar voor elk bedrijf of voor elk geschil een buitengewone landsbemiddelaar benoemen.

2. Al hetgeen bij of krachtens deze landsverordening bepaald is met betrekking tot de landsbemiddelaar, geldt eveneens ten aanzien van de krachtens het eerste lid van dit artikel benoemde buitengewone landsbemiddelaars.

Artikel 7a

1. Indien het geschil is ontstaan in één of meer bedrijven als bedoeld in artikel 3b, eerste lid, en de tussenkomst van de landsbemiddelaar, alsmede c.q. van de in artikel 7 bedoelde buitengewone landsbemiddelaar, niet tot oplossing in der minne van het geschil heeft geleid, kan de regering één of meer andere buitengewone landsbemiddelaars - al dan niet in opvolging van elkaar - in dat geschil benoemen.

2. Al hetgeen bij of krachtens deze landsverordening bepaald is met betrekking tot de landsbemiddelaar, alsmede het bepaalde in de artikelen 9, derde lid, 10 en 11, is van overeenkomstige toepassing ten aanzien van krachtens het eerste lid genoemde buitengewone landsbemiddelaar(s), behoudens het bepaalde in de tweede volzin van artikel 4, eerste lid, indien het betreft een geval als bedoeld in artikel 3, derde lid.

§2. De tussenkomst van een bijzondere bemiddelaar

Artikel 8

1. De Gouverneur kan ter vereffening van een geschil dat niet ingevolge artikel 5 aan de tussenkomst van de landsbemiddelaar is onttrokken, overgaan tot de aanwijzing van een bijzondere bemiddelaar, al dan niet bijgestaan door een commissie, indien het verzoek daartoe schriftelijk wordt gedaan door of namens de bij het geschil betrokken werkgevers en werknemers, of door of namens zodanig gedeelte van hen, dat naar het oordeel van de Gouveneur de tussenkomst van een bijzondere bemiddelaar kan leiden tot vereffening van het geschil, althans tot een aanzienlijke beperking van het aantal daarbij betrokken personen.

2. Voor de toepassing van het bepaalde in deze paragraaf worden alleen geacht tot een partij te behoren de werkgevers, de werknemers of de vakverenigingen van werkgevers en werknemers, door of namens wie een verzoek is gedaan als bedoeld in het eerste lid, alsmede de werkgevers en werknemers, die bij het geschil zijn betrokken en die door de bijzondere bemiddelaar zijn toegelaten om zich, bij de behandeling van het geschil door die bijzondere bemiddelaar, daarin te voegen.

3. De landsbemiddelaar kan op verzoek van partijen als bijzondere bemiddelaar optreden.

4. Tenzij het derde lid van dit artikel van toepassing is, onthoudt de landsbemiddelaar zich van tussenkomst of van verdere tussenkomst in een geschil, indien door de Gouverneur een bijzondere bemiddelaar is aangewezen.

Artikel 9

1. De bijzondere bemiddelaar kan tot een partij behorende werkgevers en werknemers, bestuurders van vakverenigingen, welke of welker leden tot een partij behoren, alsmede getuigen en deskundigen voor zich en eventueel voor de commissie doen verschijnen.

2. De opgeroepene is verplicht te verschijnen en alle gewenste inlichtingen te verschaffen.

3. De bijzondere bemiddelaar kan met goedvinden van de Gouverneur aan deskundigen opdragen een onderzoek in te stellen.

Artikel 10

1. Komt een bemiddeling tot stand, zo wordt daarvan een akte opgemaakt, welke door de bijzondere bemiddelaar, eventueel door de commissieleden en door of namens beide partijen ondertekend wordt.

2. Slaagt de bemiddeling niet, dan kan de bijzondere bemiddelaar, mede namens de commissie, tenzij partijen zich alsnog verbinden het geschil aan de uitspraak van een scheidsgerecht als bedoeld in paragraaf 3 van dit hoofdstuk, te onderwerpen, zijn oordeel uitspreken over alle geschilpunten en de middelen tot vereffening van het geschil. Van dit oordeel wordt schriftelijk mededeling gedaan aan partijen.

3. Bij het doen van deze mededeling verzoekt de bijzondere bemiddelaar ieder der partijen hem binnen een door deze gestelde termijn te berichten, of zij de voorgestelde middelen tot vereffening aanvaardt.

4. Verklaren beide partijen de voorgestelde middelen te aanvaarden, dan wordt daarvan een akte opgemaakt, welke door de bijzondere bemiddelaar, eventueel door de commissieleden en door of namens beide partijen ondertekend wordt.

5. Bij gebreke van een verklaring van één of van beide partijen, dat zij de voorgestelde middelen tot vereffening aanvaarden, kan de bijzondere bemiddelaar zijn oordeel over de geschilpunten en de door hem voorgestelde middelen tot vereffening geheel of gedeeltelijk openbaar maken.

Artikel 11

Alle geschillen die ter zake van de behandeling van het geschil door de bijzondere bemiddelaar, eventueel bijgestaan door een commissie mochten rijzen, worden door hem beslecht.

§3. Het scheidsgerecht

Artikel 12

1. Partijen kunnen zich met medewerking van de landsbemiddelaar verbinden, een geschil te onderwerpen aan de uitspraak van een scheidsgerecht.

2. De in het eerste lid bedoelde verbintenis wordt schriftelijk aangegaan ten overstaan van de landsbemiddelaar.

3. De landsbemiddelaar stelt vast hetgeen in de schriftelijke verbintenis dient te worden opgenomen. Hij is bevoegd alle door hem wenselijk geachte aanwijzingen aan partijen te geven, ter zake de verbintenis, het scheidsgerecht en de richtige naleving van diens uitspraak.

4. Geen geschil kan onderworpen worden aan de beslissingen van een scheidsgerecht, indien partijen zich niet bij de in het tweede lid bedoelde schriftelijke overeenkomst ten genoegen van de landsbemiddelaar verbinden, de beslissing van het scheidsgerecht na te leven.

Artikel 13

Het scheidsgerecht kan met goedvinden van de landsbemiddelaar zich tot partijen wenden alsmede getuigen en deskundigen voor zich doen verschijnen. De opgeroepene is verplicht te verschijnen en alle gewenste inlichtingen te verschaffen.

Hoofdstuk III

Het voorkomen van geschillen

Artikel 14

De landsbemiddelaar kan op verzoek van werkgevers en werknemers deze bijstaan bij het treffen van overeenkomsten welke de arbeidsvrede kunnen bevorderen.

Artikel 14a

1. De landsbemiddelaar kan op verzoek van de werkgever of van het bestuur van een vakvereniging van werknemers een referendum onder één of meerdere door hem te bepalen categorieën van werknemers in een bedrijf houden ten einde vast te stellen welke vakvereniging door de meerderheid van die werknemers wordt aangewezen om hen bij de behartiging van hun arbeidsaangelegenheden te vertegenwoordigen. Aan het referendum kunnen slechts deelnemen rechtspersoonlijkheid bezittende verenigingen van werknemers, wier statuten de bevoegdheid tot het aangaan van collectieve arbeidsovereenkomsten met name noemen, en die ten genoege van de landsbemiddelaar stukken hebben overgelegd, waaruit blijkt dat de meerderheid van de betreffende categorie of categorieën van werknemers lid van die vereniging is.

2. De werkgever is verplicht de betreffende categorie of categorieën van werknemers op de dag waarop het referendum wordt gehouden, gedurende de door de landsbemiddelaar vastgestelde tijd, voor zover deze binnen

hun arbeidstijd valt, met behoud van loon vrijaf te geven, ten einde hun stem uit te brengen.

3. De landsbemiddelaar deelt de werkgever en de betreffende vakverenigingen van werknemers de uitslag van het referendum zo spoedig mogelijk schriftelijk mede.

4. De werkgever is verplicht, omtrent het aangaan van een collectieve arbeidsovereenkomst te onderhandelen met het bestuur van de vakvereniging van werknemers, die bij het referendum door de meerderheid van de werknemers werd aangewezen om hen bij de behartiging van hun arbeidsaangelegenheden te vertegenwoordigen.

Artikel 14b

1. De landsbemiddelaar verleent op verzoek van een werkgever of het bestuur van een vakvereniging van werknemers bemiddeling bij de onderhandelingen omtrent het aangaan van een collectieve arbeidsovereenkomst.

2. De landsbemiddelaar kan de werkgever en het bestuur van de vakvereniging van werknemers voor zich doen verschijnen ten einde te trachten partijen met alle hem ten dienste staande middelen bij te staan bij de onderhandelingen omtrent het aangaan van de collectieve arbeidsovereenkomst.

3. Partijen zijn verplicht te verschijnen en de landsbemiddelaar alle van hen gevorderde bijstand en medewerking te verlenen, waartoe zij redelijkerwijze in staat zijn.

Hoofdtsuk IV

Algemene bepalingen

Artikel 15

1. De landsbemiddelaar, de buitengewone landsbemiddelaars en het hun toegevoegde personeel ontvangen een door de Gouverneur vast te stellen schadeloosstelling, voor door hen verrichte werkzaamheden.

2. Aan de bijzondere bemiddelaars, bedoeld in artikel 8, en de hun toegevoegde commissieleden kan de Gouverneur een schadeloosstelling toekennen.

Artikel 16

1. Hij die niet voldoet aan één der verplichtingen omschreven in de tweede volzin van artikel 3, derde lid, artikel 4, derde, vierde en vijfde lid, artikel 9, tweede lid, artikel 13, artikel 14a, tweede en vierde lid, en artikel 14b, derde lid, wordt gestraft met hechtenis van ten hoogste een maand of geldboete van ten hoogste honderd florin.

2. Hij die handelt in strijd met het bepaalde bij artikel 3, eerste lid, artikel 3b, eerste lid, of binnen de gestelde termijn met het verbod als bedoeld in artikel 3b, tweede lid, wordt gestraft met gevangenisstraf van ten hoogste vier jaar. Indien twee of meer personen ten gevolge van samenspanning het feit plegen, in artikel 3b, tweede lid, omschreven, kan te hunnen aanzien zomede ten aanzien van de leiders of aanleggers van de samenspanning, de gevangenisstraf met eenderde worden verhoogd.

3. Hij die binnen de gestelde termijn handelt in strijd met het verbod als bedoeld in artikel 3a, wordt gestraft met hechtenis van ten hoogste een jaar of geldboete van ten hoogste zeshonderd florin.

4. De feiten bij het eerste en derde lid van dit artikel strafbaar gesteld, worden beschouwd als overtredingen. De overige bij deze landsverordening strafbaar gestelde feiten worden beschouwd als misdrijven.

Artikel 17

1. Het is aan de landsbemiddelaar, de buitengewone landsbemiddelaars en het hun toegevoegde personeel, aan de bijzondere bemiddelaars, bedoeld in artikel 8, en de hun toegevoegde commissieleden en aan de in artikel 9 bedoelde deskundigen verboden om hetgeen hun in hun hoedanigheid gebleken of medegedeeld is, verder bekend te maken dan voor de vervulling van de hun bij of krachtens deze landsverordening opgedragen taak of ter voldoening aan een bij de wet opgelegde verplichting gevorderd wordt.

2. Hij die opzettelijk de bij of krachtens het eerste lid opgelegde geheimhouding schendt wordt gestraft met gevangenisstraf van ten hoogste zes maanden of geldboete van ten hoogste driehonderd florin.

3. Geen vervolging heeft plaats dan op klacht van hem, ten aanzien van wie de geheimhouding is geschonden.

Artikel 18

(vervallen)

Artikel 19

Deze landsverordening is niet van toepassing op geschillen tussen personen die anders dan krachtens arbeidsovereenkomst in dienst zijn van een publiekrechtelijk lichaam en dat lichaam.

Artikel 20

Hetgeen ter uitvoering van deze landsverordening nodig is, wordt geregeld bij landsbesluit, houdende algemene maatregelen.

Artikel 21

Alle ingevolge van deze landsverordening opgemaakte of overgelegde stukken, verzoekschriften en beschikkingen zijn vrij van het recht van zegel en registratie.

Artikel 22

Deze landsverordening kan worden aangehaald als Arbeidsgeschillenverordening.

Landsverordening tot inschrijving van arbeidskrachten

Vindplaats:

AB 1994 no. GT 8

Wijziging:

AB 1997 no. 34; AB 2009 no. 75, AB 2013 no. 20

Artikel 1

In deze landsverordening wordt verstaan:

onder werkgever:

ieder natuurlijke of rechtspersoon, die anderen in dienst heeft. Voor de toepassing van deze landsverordening worden Aruba, zomede de Nederlandse Regering als werkgever in de zin van dit artikel aangemerkt en wordt, voor zoveel betreft de werkgever die in Aruba arbeiders in dienst heeft, doch elders woont of gevestigd is, diens vertegenwoordiger of agent in Aruba als werkgever beschouwd;

onder arbeider:

ieder die in dienst van de werkgever tegen loon werkzaam is.

Voor de toepassing van deze landsverordening worden, hoewel zij geen loon ontvangen, als arbeider beschouwd: volontairs, leerlingen en dergelijke personen, die in verband met hun opleiding nog geen loon ontvangen.

Niet als arbeider worden beschouwd:

a. thuiswerkers;

b. personen die in aangenomen werk voor de werkgever arbeid verrichten en daarbij aangemerkt worden zelf werkgever te zijn;

c. hoofden of bestuurders van een bedrijf of onderneming, echtgenoten, ouders en inwonende kinderen van de werkgever, die uitsluitend voor zijn rekening arbeid verrichten;

d. schepelingen;

e. militairen;

f. geestelijken, ordebroeders en religieuzen;

g. personen wier jaarlijks in geld vastgesteld arbeidsinkomen zevenentwintigduizend florin of meer bedraagt;

-onder arbeid:

alle werkzaamheden, verricht in dienst van de werkgever;

-onder loon:

elke uitkering welke de arbeider als vergoeding voor zijn arbeid van de werkgever ontvangt, uitgezonderd overwerk- en premiegelden; indien het loon geheel of gedeeltelijk bestaat in huisvesting, verstrekkingen in natura of wel in beide, wordt de geldswaarde geschat; als loon volgens deze landsverordening gelden tevens alle ontvangsten in geld van derden, welke verband houden met ten behoeve van de werkgever verrichte arbeid.

Artikel 2

1. De bepalingen van deze landsverordening zijn ook van toepassing:

a. op de werkgever die in Aruba gevestigd is, ten aanzien van de arbeider die hij buiten Aruba bezigt, zo deze Nederlander is en zijn woonplaats in Aruba heeft;

b. op de in onderdeel a bedoelde arbeider.

2. De bepalingen van deze landsverordening zijn niet van toepassing:

a. op de werkgever die buiten Aruba gevestigd is, ten aanzien van de arbeider die hij in Aruba bezigt, zo deze geen Nederlander is en zijn woonplaats buiten Aruba heeft;

b. op de in onderdeel a bedoelde arbeider.

3. Voor arbeiders, zijnde Nederlander die zich buitenlands bevinden, kunnen bij landsbesluit, houdende algemene maatregelen, afwijkende voorschriften worden gegeven.

Artikel 3

1. De arbeider is, behoudens vrijstelling zoals bedoeld in het zesde lid van dit artikel, verplicht een werkboekje te hebben, hetwelk hem wordt uitgereikt vanwege de minister van Welzijnszaken.

2. Bij landsbesluit, houdende algemene maatregelen, wordt alles geregeld wat de vorm en de uitgifte van het werkboekje betreft, alsmede de prijs ervan.

3. Het werkboekje vermeldt de namen, de voornamen, de geboortedatum, de plaats van geboorte, het geslacht, de woonplaats, de nationaliteit, de burgerlijke staat, het aantal kinderen tot wie hij in familierechtelijke betrekking staat, welke te zijnen laste zijn, en het beroep of ambacht van de arbeider. Indien de geboortedatum of de nationaliteit niet vaststaat, wordt zulks in het werkboekje aangetekend.

4. Het werkboekje, hetwelk binnen tweemaal vierentwintig uren, nadat de dienstbetrekking een aanvang heeft genomen, aan de werkgever overhandigd moet worden, blijft tot op het tijdstip, in artikel 8, eerste lid, bepaald, onder berusting van de werkgever.

5. Bij verlies of in ongerede raken van het werkboekje kan een nieuw boekje worden uitgereikt. Indien aan de arbeider één of meer werkboekjes reeds werden uitgereikt, moet het nieuwe daarvan melding maken.

6. Op verzoek van de betrokken werkgever is de minister van Welzijnszaken bevoegd aan arbeiders van vreemde

nationaliteit, voor de duur van een jaar voorwaardelijk of onvoorwaardelijk vrijstelling te verlenen van de verplichting tot het hebben van een werkboekje, indien deze arbeiders zich reeds in het buitenland verbonden hebben tot het verrichten van arbeid, uitsluitend in dienst van die werkgever. Deze vrijstelling kan telkens voor de duur van een jaar verlengd worden.

Artikel 4

1. Na beëindiging van zijn dienstbetrekking is de arbeider die in het bezit is van een werkboekje, verplicht uiterlijk een week nadien zijn werkboekje in bewaring te geven aan de door de minister van Welzijnszaken aangewezen ambtenaar.

2. Voor de inbewaringgeving van het werkboekje wordt door of vanwege de betrokken autoriteit een ontvangstbewijs afgegeven.

3. De verplichting, in het eerste lid bedoeld, bestaat slechts indien de arbeider binnen een week na de beëindiging van zijn dienstbetrekking geen nieuwe dienstbetrekking heeft aangegaan.

Artikel 5

Van iedere wijziging in de persoonlijke gegevens zoals bedoeld in artikel 3, derde lid, wordt door of namens de arbeider binnen tien dagen, nadat die wijziging heeft plaatsgevonden, aangifte gedaan bij de autoriteit die hem het werkboekje heeft uitgereikt.

Artikel 6

1. Het is de werkgever verboden een arbeider in zijn dienst te hebben, die niet voldoet aan het gestelde in artikel 3, eerste lid, van deze landsverordening.

2. De werkgever is verplicht binnen achtmaal vierentwintig uren, nadat hij een arbeider in zijn dienst heeft genomen, hiervan melding te maken in het werkboekje van de arbeider. Deze verplichting bestaat niet, indien de dienstverhouding minder dan zes achtereenvolgende dagen (zon- en feestdagen niet meegerekend) heeft geduurd. Indien de werkgever de dag van indiensttreding heeft ingeschreven, moet hij ook de dag van uitdiensttreding inschrijven. Onder feestdagen wordt ten deze verstaan de Nieuwjaarsdag, Goede Vrijdag, Christelijke tweede Paasdag, Hemelvaartsdag, Christelijke tweede Pinksterdag, verjaardag van de Koningin en de beide Kerstdagen. In geval van overlijden van de werkgever en in alle gevallen, waar deze in de onmogelijkheid zou zijn om in het werkboekje de datum van uitdiensttreding te schrijven, geschiedt zulks door de autoriteit die de arbeider het werkboekje uitreikte.

Artikel 7

Het is de werkgever verboden anders dan de dagtekening van de indienst- en van de uitdiensttreding, voorts het beroep, de functie of het ambacht van de arbeider in diens werkboekje aan te tekenen, alsmede de naam, de woonplaats, het bedrijf, het beroep of de onderneming van de werkgever met wie de arbeider de betreffende dienstverhouding heeft aangegaan, en diens ondertekening.

Artikel 8

1. Het werkboekje blijft na elke inschrijving van de datum van indiensttreding onder berusting van de werkgever en wordt de arbeider teruggegeven:

a. indien de dienstbetrekking eindigt door opzegging, op de dag van opzegging;

b. indien de dienstbetrekking kan eindigen zonder dat opzegging daartoe nodig is, op de dag waarop de arbeider zulks vordert, doch niet eerder dan op de dag welke niet meer van de dag waarop de dienstbetrekking eindigen zal, verwijderd is dan de tijd die gewoonlijk tussen twee opeenvolgende uitbetalingen van het in geld vastgesteld loon verstrijkt, doch nimmer eerder dan zes weken, voordat de dienstbetrekking eindigen zal. Laatstbedoelde termijn wordt, indien de dienstbetrekking betreft arbeiders die huiselijke diensten verrichten, ongeacht de arbeidsovereenkomst is aangegaan voor een bepaalde tijd, voor onbepaalde tijd of tot wederopzegging, gesteld op een week.

2. Voor het inbewaring geven van het werkboekje wordt de arbeider door de werkgever een bewijs afgegeven.

Artikel 9

1. De werkgever is voorts verplicht:

a. een arbeidsregister aan te houden, dat voldoet aan de bij landsbesluit, houdende algemene maatregelen, te geven voorschriften;

b. op verzoek van of vanwege de minister van Welzijnszaken binnen een door laatstgenoemde te stellen termijn, een uittreksel van het register in een door deze gewenste vorm te verstrekken;

c. de minister van Welzijnszaken of de door hem aangewezen ambtenaar binnen tweemaal 24 uren in kennis te stellen van het aangaan of verbreken van een dienstbetrekking met een arbeider. De aangifte geschiedt op een wijze, nader bij landsbesluit, houdende algemene maatregelen, te regelen;

d. de minister van Welzijnszaken of een door hem aan te wijzen ambtenaar driemaandelijks van de wijzigingen in het loon van de arbeiders over de voorafgaande maanden in kennis te stellen op een bij landsbesluit, houdende algemene maatregelen, te bepalen wijze.

2. Het in het eerste lid, onderdeel a, bedoelde register vermeldt de namen, de voornamen, de geboortedatum, de plaats van geboorte, de woonplaats, de nationaliteit, het geslacht, de burgerlijke staat, het aantal kinderen tot wie hij in familierechtelijke betrekking staat, welke te zijnen laste zijn, het beroep, ambacht of de functie van alle in zijn dienst zijnde arbeiders, de met hen overeengekomen loonsbedragen, alsmede de datum van indiensttreding en na

beëindiging van de dienstbetrekking de datum van uitdiensttreding van deze arbeiders, echter met uitzondering van arbeiders die huiselijke diensten verrichten.

3. Voor werkgevers die uitsluitend arbeiders in dienst hebben voor het verrichten van huiselijke diensten, geldt de verplichting, omschreven in het eerste lid van dit artikel, niet.

Toezicht

Artikel 9a

(vervallen AB 2013 no.20)

Strafbepalingen

Artikel 10

Niet naleving van één van de voorschriften van deze landsverordening of van de krachtens de artikelen 2, derde lid, en 9, eerste lid, onderdelen a, d en e, vastgestelde regels, wordt gestraft met hechtenis van ten hoogste drie maanden of geldboete van ten hoogste vijfduizend florin.

Artikel 11

(vervallen)

Artikel 12

(vervallen)

Artikel 13

De bij deze landsverordening strafbaar gestelde feiten worden als overtreding beschouwd.

Slotbepaling

Artikel 14

Deze landsverordening kan worden aangehaald als Landsverordening tot inschrijving van arbeidskrachten.

Cessantialandsverordening

Vindplaats:

A.B. 1998 GT no. 18

Wijziging:

A.B. 2003 no. 62; 2009 no.75; 2010 no. 98 (inwtr. 2010 no. 103); 2012 no. 9), AB 2013 no. 20

§ 1. Definities

Artikel 1

Voor de toepassing van het bepaalde bij of krachtens deze landsverordening wordt verstaan onder:

Minister:
de minister van Onderwijs en Arbeid;

Bank:
de Sociale Verzekeringsbank;

werkgever:
de werkgever, bedoeld in artikel 1613a van het Burgerlijk Wetboek van Aruba (AB 1989 GT 100);

werknemer:
de arbeider, bedoeld in artikel 1613a van het Burgerlijk Wetboek van Aruba, met uitzondering van een persoon, werkzaam bij een publiekrechtelijk lichaam, alsmede een beambte of leerkracht bij het gesubsidieerd bijzonder onderwijs;

cessantia-uitkering:
de eenmalige uitkering, bedoeld in artikel 3, eerste lid;

loon:

elke uitkering, in welke vorm ook, die de werknemer als vergoeding voor zijn arbeid ten laste van zijn werkgever geniet, alsook ontvangsten van derden, die van invloed zijn op de voorwaarden van de arbeidsovereenkomst, behalve:

- de vergoeding voor het verrichten van overwerk in de zin van de Arbeidsverordening (AB 1990 no. GT 57);

- de toeslag op het loon ingevolge artikel 58 van de Landsverordening algemene ouderdomsverzekering (AB 1990 no. GT 33) en artikel 52 van de Landsverordening algemene weduwen- en wezenverzekering;

- de sociale verzekeringspremies die ten laste van de werkgever komen;

- de vergoeding boven het normale loon voor het tijdelijk verrichten van andere dan de normale arbeid, waartoe hij ingevolge arbeidsovereenkomst in het bedrijf van zijn werkgever is verplicht;

- de vergoeding die bij uitzondering wordt gegeven voor het verrichten van een boven het normale liggende arbeidsprestatie;

weekloon:

bij een uurloon:

de geldswaarde van het loon per uur, vermenigvuldigd met het aantal werkuren per week van de betrokken werk nemer;

bij een dagloon:

de geldswaarde van het loon per dag, vermenigvuldigd met het aantal werkdagen per week van de betrokken werknemer;

bij een maandloon :

de geldswaarde van het loon per maand, vermenigvuldigd met 12, en gedeeld door 52.

§ 2. Vaststelling van het weekloon

Artikel 2

1. Werkgever en werknemers stellen bij de aanvraag van het dienstverband en telkens, wanneer het loon gewijzigd wordt, het weekloon vast met inachtneming van het daaromtrent in artikel 1 bepaalde.

2. Indien het loon geheel of gedeeltelijk bestaat uit huisvesting, verstrekkingen in natura, onderricht of geldelijke uitkeringen, waarvan de grootte niet bij voorbaat vaststaat, zoals provisie, commissie, tantième en fooien, bepalen werkgever en werknemer ter vaststelling van het weekloon de gemiddelde geldswaarde daarvan.

3. Indien het aantal werkuren per week, ingeval een uurloon wordt betaald, niet bij voorbaat vaststaat, bepalen werkgever en werknemer, ter vaststelling van het weekloon het te verwachten gemiddelde aantal werkuren per week.

4. Bij landsbesluit, houdende algemene maatregelen, kunnen regelen worden vastgesteld, die bij de bepaling van de geldswaarde van het niet in geld genoten loon moeten worden in acht genomen.

§ 3. Cessantia-uitkering

Artikel 3

1. De werknemer wiens dienstbetrekking eindigt anders dan door zijn schuld of tengevolge van een aan hem toe te rekenen omstandigheid wordt door de werkgever een eenmalige uitkering, gebaseerd op het laatstgenoten loon, toegekend, waarvan de hoogte als volgt wordt berekend:

- voor het eerste tot en met het tiende volle dienstjaar: één weekloon per dienstjaar;

- voor het elfde tot en met het twintigste volle dienstjaar: één en een kwart maal het weekloon per dienstjaar;

- voor de daarop volgende volle dienstjaren: tweemaal het weekloon per dienstjaar.

Voor de berekening van volle dienstjaren geldt een periode van meer dan zes maanden na het eerste dienstjaar als een vol dienstjaar.

2. Voor de toepassing van het eerste lid worden dienstbetrekkingen geacht éénzelfde niet onderbroken dienstbetrekking te vormen in de in artikel 1615k, eerste lid, van het Burgerlijk Wetboek van Aruba genoemde gevallen.

3. Van het eerste lid kan slechts ten gunste van de werknemer worden afgeweken, terwijl van het tweede lid

slechts bij collectieve arbeidsovereenkomst kan worden afgeweken.

4. Het eerste lid vindt geen toepassing, indien een werknemer bij het einde van zijn dienstbetrekking in het genot van een pensioen of uitkering bij wijze van pensioen of ouderdomsverzorging wordt gesteld.

5. Het vierde lid vindt geen toepassing, indien het pensioen of de uitkering bij wijze van pensioen of ouderdomsverzorging, dat aan de werknemer bij het einde van zijn dienstbetrekking wordt uitgekeerd, minder bedraagt dan het dan geldende wettelijk ouderdomspensioen, dan wel het pensioen, ingeval daarop het wettelijk ouderdomspensioen geheel of gedeeltelijk in mindering wordt gebracht, minder bedraagt dan tweemaal het bedrag van het dan geldende wettelijk ouderdomspensioen.

6. Het vorderingsrecht van de gewezen werknemer op de cessantia-uitkering jegens de werkgever verjaart na verloop van één jaar.

Artikel 4

1. Indien geen of geen tijdige betaling geschiedt van de cessantia-uitkering ten laste van een werkgever die in staat van faillissement is verklaard, of aan wie surséance van betaling is verleend, kan de werknemer jegens de Bank aanspraak maken op de cessantia-uitkering, met dien verstande dat bij de berekening van de door de Bank toe te kennen cessantia-uitkering het weekloon in aanmerking genomen wordt, voor zover dit niet een normbedrag overschrijdt, gelijk aan anderhalf maal het weekloon dat wordt afgeleid uit de dagloonbedragen zoals deze ingevolge artikel 8, tweede lid van de Landsverordening ziekteverzekering (AB 1993 no. GT 24) zijn of zullen worden vastgesteld. Indien het normbedrag niet is een getal in gehele guldens en deelbaar door vijf, wordt het gesteld op het naast hogere bedrag dat aan deze voorwaarden voldoet.

2. De Bank kan beslissen dat het eerste lid overeenkomstige toepassing vindt, indien een werkgever verkeert in de toestand dat hij heeft opgehouden te betalen, terwijl hij niet of nog niet in staat van faillissement is verklaard en hem geen of nog geen surséance van betaling is verleend.

Artikel 5

1. De cessantia-uitkering wordt krachtens artikel 4 aan de gewezen werknemer op zijn verzoek door de Bank toegekend, dan wel, bij zijn overlijden, aan zijn nagelaten betrekkingen op hun verzoek door de werkgever of krachtens artikel 4 door de Bank toegekend, mits het verzoek binnen twaalf maanden na het einde van de dienstbetrekking bij de werkgever onderscheidenlijk de Bank is ingediend. Met het einde van de dienstbetrekking

wordt voor de toepassing van dit artikellid gelijkgesteld een in kracht van gewijsde gegane rechterlijke uitspraak waarbij een dienstbetrekking als geëindigd wordt verklaard.

2. Voor de toepassing van het eerste lid wordt onder nagelaten betrekkingen verstaan:

a. de langstlevende der echtgenoten;

b. bij ontstentenis van de in onderdeel a bedoelde persoon, de kinderen tot wie de overledene in familierechtelijke betrekking stond, die de leeftijd van 21 jaar nog niet hebben bereikt en niet gehuwd zijn of gehuwd geweest zijn;

c. bij ontstentenis van vorengenoemde personen: degenen ten aanzien van wie de overledene grotendeels in de kosten van het bestaan voorzag, en met wie hij in gezinsverband leefde, dan wel duurzaam samenwoonde;

d. bij ontstentenis van vorengenoemde personen: degenen die de kosten van de laatste ziekte en van de begrafenis van de overledene hebben betaald, met dien verstande dat hun recht op de Cessantia-uitkering reikt tot het bedrag van die kosten.

Onder de in onderdeel b bedoelde kinderen zijn mede begrepen de kinderen tot wie de overledene in familierechtelijke betrekkin stond, die de leeftijd van 25 jaar nog niet hebben bereikt, indien:

a. hun tijd, behoudens in geval van ziekte of vakantie, geheel of grotendeels in beslag wordt genomen door of in verband met het volgen van onderwijs of van een beroepsopleiding;

b. zij ten gevolge van ziekte of gebreken buiten staat zijn om met arbeid die voor hun krachten is berekend, één derde te verdienen van hetgeen lichamelijk en geestelijk gezonde kinderen van gelijke leeftijd en van soortgelijke bekwaamheid in staat zijn met arbeid te verdienen.

3. De betaalbaarstelling van de cessantia-uitkering ingevolge het tweede lid geschiedt niet eerder dan zes maanden na het einde van de dienstbetrekking.

4. De cessantia-uitkering die niet is ingevorderd binnen twee jaren na de eerste dag, waarop zij kon worden ingevorderd, wordt niet meer uitbetaald door de Bank.

§ 4. Uitvoeringsorgaan

Artikel 6

1. In de uitvoering van artikel 4 van deze landsverordening wordt voorzien door de Bank middels een door haar te beheren fonds, genaamd Cessantiafonds.

2. Het Cessantiafonds bezit de hoedanigheid van rechtspersoon en is gevestigd te Oranjestad op Aruba. Het fonds is vrijgesteld van winstbelasting.

3. Bij landsbesluit, houdende algemene maatregelen, worden nadere regelen vastgesteld, betreffende het beheer en de belegging van de gelden van het Cessantiafonds.

Artikel 7

1. De werkgever is verplicht uiterlijk in de maand juni van ieder kalenderjaar ten behoeve van een in zijn dienst zijnde werknemer een bijdrage aan de Bank te doen, waarvan het bedrag wordt vastgesteld bij landsbesluit, houdende algemene maatregelen, de Sociaal-Economische Raad gehoord.

2. De Bank treedt voor het bedrag van de door haar betaalde cessantia-uitkering in de rechten van de werknemer op de cessantia-uitkering jegens de werkgever.

3. Ten laste van de Bank komen de door de Bank betaalbaar gestelde cessantia-uitkeringen als bedoeld in artikel 4 van

deze landsverordening, alsmede alle andere kosten, verbonden aan de uitvoering van artikel 4 van deze landsverordening.

Artikel 8

1. De voldoening van de in artikel 7, eerste lid, bedoelde bijdrage aan de Bank geschiedt middels storting op aangifte bij de door de Bank aangewezen betaalinstellingen. De aangifte wordt gelijktijdig met de storting van de bijdrage gedaan.

2. Indien de werkgever de bijdrage geheel of gedeeltelijk niet binnen de voorgeschreven termijn betaalt, kan de niet of te weinig betaalde bijdrage door middel van een aanslag op te leggen ten name van de werkgever, nageheven worden, zolang niet sedert het einde van het kalenderjaar, waarin de schuld is ontstaan, vijf jaren zijn verstreken.

3. Ten aanzien van eenzelfde tijdvak kunnen meerdere aanslagen of navorderingen worden opgelegd.

Artikel 8a

1. Indien de werkgever geen aangifte doet, niet binnen de voorgeschreven termijn betaalt, dan wel onjuiste of onvolledige gegevens aan de Bank verstrekt, kan de verschuldigde bijdrage bij wijze van administratieve boete worden verhoogd met ten hoogste honderd procent, doch met ten minste honderd florin.

2. De verhoging, bedoeld in het eerste lid, blijft geheel of gedeeltelijk buiten toepassing, indien de in gebreke geblevene na verloop van de voorgeschreven termijn, doch vóór het opleggen van de administratieve boete uit eigen beweging schriftelijk mededeling heeft gedaan, dat ten onrechte geen of te weinig is betaald en daarbij tevens de nodige inlichtingen verstrekt.

3. De richtlijnen ter uitwerking van het eerste en tweede lid worden niet toegepast dan nadat deze ter goedkeuring aan de Raad van Toezicht en Advies zijn voorgelegd.

Artikel 8b

1. Invordering van de bijdrage en andere uit deze landsverordening voortvloeiende kosten vindt plaats volgens de regelen die van toepassing zijn op de invordering van directe belastingen, met dien verstande dat:

a. de taken die aldaar aan de Ontvanger zijn toebedeeld door de Bank worden uitgevoerd, en

b. dat de Bank zijn eigen deurwaarders met die invordering kan belasten.

2. De vorderingen van de werknemer en de Bank op de werkgever tot nakoming van diens verplichtingen ingevolge de artikelen 3, eerste lid, 7, eerste lid, 8, tweede lid, en 8a, eerste lid, zijn bevoorrecht op alle roerende en onroerende zaken van de werkgever en hebben voorrang boven alle bevoorrechte vorderingen, met uitzondering van de directe belastingen en hypotheek.

Artikel 9

1. Tegen een beslissing van de directeur van de Bank met betrekking tot de toekenning of betaalbaarstelling van een cessantia-uitkering als bedoeld in artikel 4 van deze landsverordening, is binnen drie weken na haar dagtekening schriftelijk beroep mogelijk op het college van beroep, hetwelk in enige en hoogste instantie beslist.

2. Het college van beroep bestaat uit drie door de Minister benoemde leden, te weten een lid-voorzitter die de hoedanigheid van meester in de rechten of de graad Bachelor op het gebied van het recht en tevens de graad Master op het gebied van het recht bezit, één lid, te benoemen uit werkgeverskring na overleg met organisaties van werkgevers, en één lid, te benoemen uit werknemerskring na overleg met organisaties van werknemers. De Minister voegt aan dit college een secretaris toe.

3. Bij landsbesluit, houdende algemene maatregelen, worden nadere regelen vastgesteld, die voor een goede gang van zaken bij beroep nodig zijn. Daarbij zal tevens de plaatsvervanging van de leden worden geregeld, alsmede de vergoeding van de leden, de plaatsvervangende leden en de secretaris.

Artikel 9a

1. Ten aanzien van een beslissing van de Bank inzake dwanginvordering staat rechtsingang open bij het gerecht in eerste aanleg.

2. De tenuitvoerlegging van een dwangschrift wordt slechts geschorst door een met redenen omkleed verzet.

3. Het verzet wordt betekend aan de Bank; op straffe van nietigheid bevat het verzet keuze van domicilie in Aruba en wordt binnen een maand na deze betekening het geding tegen de Bank aanhangig gemaakt bij het gerecht in eerste aanleg.

4. Verzet is niet gegrond op het niet-ontvangen van een kennisgeving van te betalen bijdrage of aanmaning en is nimmer gericht tegen de wettigheid of de hoegrootheid van het gevorderde bedrag, noch gegrond op de bewering dat aanspraak zou bestaan op ontheffing of vermindering.

5. Indien het verzet wordt afgewezen, staat geen hoger beroep open dan na bewijs dat de bijdrage en de kosten zijn geconsigneerd in handen van de Bank.

§ 5. Vorderingen en aansprakelijkheid

Artikel 10

1. De cessantia-uitkeringen als bedoeld in deze landsverordening, die niet zijn ingevorderd binnen twee jaar na de eerste dag waarop zij konden worden ingevorderd, worden niet meer uitbetaald.

2. Ieder beding dat de aansprakelijkheid van de werkgever ingevolge de bepalingen van deze landsverordening uitsluit of vermindert, is nietig.3. Het is de werkgever verboden de voor hem uit de bepalingen van deze landsverordening voortvloeiende kosten geheel of gedeeltelijk te verhalen op het loon van de werknemer.

3. Het is de werkgever verboden de voor hem uit de bepalingen van deze landsverordening voortvloeiende kosten geheel of gedeeltelijk te verhalen op het loon van de werknemer.

4. De cessantia-uitkering is

a. onvervreemdbaar;

b. niet vatbaar voor verpanding of belening;

c. behoudens voor zover dit dient tot verhaal van onderhoud waartoe de werknemer of de gewezen werknemer volgens wettelijke regeling is gehouden, niet vatbaar voor executoriaal of conservatoir beslag, noch voor faillissementsbeslag.

Volmacht tot ontvangst van een cessantia-uitkering, onder welke vorm of welke benaming ook verleend, is steeds herroepelijk. Elk beding, strijdig met enige bepaling van dit artikellid, is nietig.

5. Hoofdelijk aansprakelijk voor de verschuldigde bijdrag en de administratieve boete is:

a. door een niet in Aruba wonende of gevestigde werkgever: de leider van zijn vaste inrichting in Aruba, zijn in Aruba wonende of gevestigde vaste vertegenwoordiger, dan wel degene die de leiding heeft van de hier te lande verrichte werkzaamheden;

b. voor een in Aruba gevestigde rechtspersoon: iedere bestuurder;

c. voor een geen rechtspersoonlijkheid bezittende vennootschap of vereniging: iedere bestuurder;

d. voor twee of meer werkgevers: iedere werkgever.

§ 6. Uitvoering en toezicht

Artikel 11

1. Een ieder is verplicht ten behoeve van de uitvoering van artikel 4 van deze landsverordening alle door de Bank verlangde inlichtingen te verstrekken, desverlangd schriftelijk en binnen een door de Bank te stellen redelijke termijn.

2. De werkgever die verkeert in de toestand, vermeld in artikel 4, is verplicht bij het beëindigen en bij het eindigen van de dienstbetrekking de Bank onverwijld hieromtrent in te lichten. De Bank kan voor het verstrekken van deze inlichtingen formulieren beschikbaar stellen, waarop de voor het beoordelen van het recht van de werknemer op de cessantia-uitkering door de Bank gewenste gegevens dienen te worden vermeld, en die door de werkgever ondertekend bij de Bank dienen te worden ingediend.

3. Ingeval de dienstbetrekking van de werknemer krachtens artikel 3, tweede lid, dan wel anderszins als rechtens ononderbroken dient te worden beschouwd en de werkgever verkeert in de toestand, vermeld in artikel 4, geeft de werkgever zo spoedig mogelijk hiervan kennis aan de Bank.

4. Degene aan wie door de Bank een cessantia-uitkering als bedoeld in artikel 4, geheel of gedeeltelijk ten onrechte is betaalbaar gesteld of uitbetaald, geeft onverwijld hiervan kennis aan de Bank. Hij is verplicht het ten onrechte genotene op eerste vordering van de Bank terug te betalen. Artikel 8 is van overeenkomstige toepassing.

Artikel 12

Ter uitvoering van deze landsverordening kunnen nadere regelen worden vastgesteld bij landsbesluit, houdende algemene maatregelen.

Artikel 12a

(vervallen AB 2013 no. 20)

Artikel 13

Alle ingevolge deze landsverordening opgemaakte of overgelegde stukken, verzoekschriften en beschikkingen zijn vrij van het recht van zegel en van de formaliteit van registratie.

§ 7. Strafbepalingen

Artikel 14

1. Hij die opzettelijk inlichtingen als bedoeld in artikel 11, onjuist verstrekt, dan wel een valse verklaring aan de Bank aflegt, wordt gestraft met gevangenisstraf van ten hoogste een jaar of geldboete van ten hoogste vijfentwintigduizend florin.

2. Overtreding van artikel 10, tweede lid, dan wel het niet of niet tijdig nakomen van een der verplichtingen, gesteld bij of krachtens de artikelen 7, eerste lid, 8, eerste lid, 11, eerste, tweede enderde lid, 12 en 12a, vijfde lid, wordt gestraft met hechtenis van ten hoogste een maand of geldboete van ten hoogste tweeduizend vijfhonderd florin.

3. De in het eerste lid strafbaar gestelde feiten zijn misdrijven; de in het tweede lid strafbaar gestelde feiten zijn overtredingen.

Artikel 14a

1. Met de opsporing van de bij of krachtens deze landsverordening strafbaar gestelde feiten zijn, naast de in artikel 184 van het Wetboek van Strafvordering van Aruba bedoelde personen, belast de daartoe bij landsbesluit aangewezen ambtenaren. Een zodanig landsbesluit wordt bekendgemaakt in de Landscourant van Aruba.

2. Bij landsbesluit, houdende algemene maatregelen, kunnen regels worden gesteld omtrent de vereisten waaraan de krachtens het eerste lid aangewezen ambtenaren dienen te voldoen.

§ 8. Slotbepaling

Artikel 15

Deze landsverordening kan worden aangehaald als Cessantiaverordening.

Landsbesluit regeling college van Beroep Cessantia Landsverordening

Vindplaats:

A.B. 1997 no. GT 12

Wijziging:

A.B. 1998 no. 41

Artikel 1

1. De voorzitter en de leden van het College van Beroep bedoeld in artikel 9, eerste lid, van de Cessantiaverordening, hierna te noemen het College, alsmede hun plaatsvervangers worden door de Minister voor de tijd van zes jaren benoemd en zijn bij hun aftreden terstond herbenoembaar. Het in artikel 9, tweede lid, van de Cessantiaverordening ten aanzien van de voorzitter en de leden gestelde geldt mede voor hun plaatsvervangers.

2. Op hun verzoek wordt hun vóór het verstrijken van het in het eerste lid genoemde tijdvak door de Minister ontslag verleend.

3. Bij met redenen omklede beschikking van de Minister kunnen zij voorts worden ontslagen:

a. wanneer zij bij onherroepelijk geworden rechterlijke uitspraak wegens misdrijf tot gevangenisstraf of hechtenis zijn veroordeeld;

b. wanneer zij in staat van faillissement zijn verklaard, surséance van betaling hebben verkregen of wegens schulden zijn gegijzeld;

c. wegens wangedrag of onzedelijkheid of bij herhaaldelijk gebleken achteloosheid in de uitoefening van hun functie.

4. In geval van tussentijds ontslag of overlijden wordt een nieuw lid of plaatsvervangend lid benoemd voor het overblijvende deel van de ambtsperiode.

Artikel 2

1. De voorzitter en leden van het College, alsmede hun plaatsvervangers moeten Nederlander zijn en de volle ouderdom van vijfentwintig jaren bereikt hebben.

2. Niet benoembaar zijn:

a. zij die deel uitmaken van de Raad van Toezicht en Advies van de Bank of in dienst zijn van de Bank of het Cessantiafonds;

b. de actief dienende of op non-activiteit gestelde ambtenaren, alsmede hun echtgenoten, met uitzondering evenwel van de voor het leven benoemde ambtenaren.

3. Indien ten aanzien van een lid of plaatsvervangend lid zich na zijn benoeming één van de gevallen, genoemd in het tweede lid, voordoet, houdt hij op lid of plaatsvervangend lid te zijn.

Artikel 3

1. De voorzitter en leden van het College, alsmede hun plaatsvervangers leggen, alvorens hun bediening te aanvaarden, in handen van de Minister de navolgende eed of belofte af:

"Ik zweer (verklaar) dat ik, middellijk noch onmiddellijk, onder welke naam of wat voorwendsel ook, om tot mijn ambt te worden benoemd aan iemand, wie hij ook zij, iets heb gegeven of beloofd, noch zal geven. Ik zweer (beloof) dat ik om iets in mijn ambt te doen of te laten van niemand, hoegenaamd, enige belofte of geschenken zal aannemen, middellijk of onmiddel lijk. Ik zweer (beloof) trouw aan de Koning en gehoorzaamheid aan de wettelijke regelingen en dat ik mijn rechtspraak zal laten leiden door het algemeen belang en in ieder bijzonder geval mijn ambt zal vervullen zonder aanzien des persoons".

2. Van het afleggen van de eed of de belofte wordt proces-verbaal opgemaakt.

Artikel 4

1. De voorzitter en de leden van het College, alsmede hun plaatsvervangers, genieten voor het bijwonen van bijeenkomsten van het College een presentiegeld waarvan de hoogte bedraagt:

a. voor de periode tussen 1 juni 1992 en 31 maart 1996 Afl. 50,- per bijeenkomst;

b. met ingang van 1 april 1996 Afl. 150,- per volledige bijgewoonde bijeenkomst.

2. Meer bijeenkomsten, op dezelfde dag gehouden, worden voor de toepassing van het eerste lid van dit artikel tezamen als één bijeenkomst aangemerkt.

Artikel 5

(vervallen)

Artikel 6

1. Aan de behandeling van beroepen, ingevolge artikel 9, eerste lid, van de Cessantialandsverordening ingesteld, wordt steeds deelgenomen door de voorzitter en twee leden.

2. Bij belet of ontstentenis van een lid treedt het plaatsvervangend lid op, dat bij benoeming als vervanger van dat lid is aangewezen.

Artikel 7

1. In alle zaken zal de voorzitter hoofdelijk omvraag doen, beginnende bij het jongste lid.

2. Zelf brengt hij het laatst zijn advies uit.

3. Ieder lid is verplicht aan de stemming deel te nemen.

4. Alle beslissingen worden genomen bij meerderheid van stemmen.

Artikel 8

Indien het beroep gegrond wordt geoordeeld wordt, met vernietiging van de bestreden beslissing, een uitspraak gegeven, die treedt in de plaats van die beslissing.

Arbeidsbureaubesluit

Vindplaats:

AB 1989 no. GT 7

Artikel 1

Het Arbeidsbureau draagt generlei verantwoordelijkheid met betrekking tot de gevolgen van zijn bemiddeling.

Artikel 2

1. Onder vermelding van de datum houdt de administratie van het arbeidsbureau in afzonderlijke registers aantekening van:

a. naam, voornaam of voornamen, geboortejaar en datum, woonplaats (straat en huisnummer) van hen, die bemiddeling verzoeken;

b. naam, voorletter of voorletters, woonplaats (straat en huisnummer) van hen, die arbeidskrachten verzoeken, alsmede het bedrijf of het beroep, waarin deze arbeidskrachten zullen moeten werkzaam zijn. Indien de aanvrager niet een natuurlijk persoon is, moet tevens de naam en plaats van vestiging der onderneming, voor welke de arbeidskrachten worden gevraagd, het aantal en de soort (beroep) der gevraagde arbeidskrachten worden aangetekend, alsmede de aangeboden arbeidsvoorwaarden of de vermelding, dat de werkgever heeft voorbehouden zich daarover met de werkzoekende te verstaan.

2. De in het eerste lid bedoelde registers kunnen worden gehouden in boek- of kaartvorm.

3. In het register van werkzoekenden worden voorts vermeld, bij verwijzing van de werkzoekenden naar een werkgever: de datum waarop verwijzing geschiedt, de naam van de werkgever en het resultaat der bemiddeling naar de onderscheiding: geplaatst, teruggetrokken, vervallen. In geval van plaatsing moet worden aangegeven op welke datum deze is geschied, bij welke werkgever en onder welke arbeidsvoorwaarden. Voor wat betreft de arbeidsvoorwaarden kan worden volstaan met een duidelijke verwijzing naar de werkgeversaanvraag ingeschreven in het register, bovenbedoeld onder 1, onderdeel b.

4. In het register van werkgevers aanvragen wordt voorts bij verwijzing van een werkzoekende naar de werkgever vermeld, de datum, op welke de verwijzing geschiedt, de naam van de werkzoekende en het resultaat der bemiddeling naar de onderscheiding: voldaan, ingetrokken, vervallen. Indien aan een aanvraag gedeeltelijk of geheel wordt voldaan, moet worden vermeld: op welke zulks heeft plaatsgevonden, het aantal daarbij betrokken werkzoekenden, de namen dier werkzoekenden en de arbeidsvoorwaarden, indien deze afwijken van de aanvankelijk opgegeven voorwaarden of indien deze nog niet werden opgegeven.

Artikel 3

1. Het Arbeidsbureau wordt slechts geacht bekend te zijn met het begin of einde van een werkstaking of ene uitsluiting, indien het de in het tweede lid bedoelde kennisgeving heeft ontvangen.

2. Een kennisgeving als bedoeld in artikel 6 van de Arbeidsbureauverordening omtrent het begin of einde van een werkstaking of een uitsluiting geschiedt schriftelijk aan de inspecteur.

Artikel 4

De inspecteur doet aan de minister van Justitie en Publieke Werken of een door hem aan te wijzen ambtenaar algemene voorstellen inzake de toelating van buitenlandse arbeidskrachten en adviseert hem desgevraagd ook in bijzondere gevallen.

Artikel 5

Ten aanzien van anderen dan werkzoekende personen van Nederlandse nationaliteit, in Aruba geboren, verleent de inspecteur alleen bemiddeling indien blijkt dat de minister van Justitie en Publieke Werken of een door hem aan te wijzen ambtenaar tegen tewerkstelling geen bezwaar heeft.

Artikel 6

Bij het verlenen van bemiddeling van en naar het buitenland is de inspecteur bevoegd overlegging van alle hem wenselijk geachte gegevens te vorderen.

Artikel 7

Dit landsbesluit kan worden aangehaald als Arbeidsbureaubesluit.

Landsverordening collectieve arbeidsovereenkomst

Vindplaats:

AB 1987 no. GT 9

Artikel 1

1. Onder collectieve arbeidsovereenkomst wordt verstaan de overeenkomst, aangegaan door één of meer werkgevers, of één of meer rechtspersoonlijkheid bezittende verenigingen van werkgevers, en één of meer rechtspersoonlijkheid bezittende verenigingen van werknemers, waarbij voornamelijk of uitsluitend worden geregeld arbeidsvoorwaarden, bij arbeidsovereenkomsten in acht te nemen.

2. Zij kan ook betreffen aannemingen van werk en overeenkomsten tot het verrichten van enkele diensten. Hetgeen in deze landsverordening omtrent arbeidsovereenkomsten, werkgevers en werknemers is bepaald, vindt dan overeenkomstige toepassing.

3. Het beding, waarbij een werkgever verplicht wordt, personen van een bepaald ras, een bepaalde godsdienstige of staatkundige overtuiging of leden van een bepaalde vereniging niet dan wel uitsluitend in dienst te nemen, is nietig.

Artikel 2

Een vereniging van werkgevers of van werknemers is slechts bevoegd tot het aangaan van collectieve arbeidsovereenkomsten, indien de statuten der vereniging deze bevoegdheid met name noemen.

Artikel 3

Een collectieve arbeidsovereenkomst kan slechts schriftelijk worden aangegaan.

Artikel 4

1. Een vereniging, welke een collectieve arbeidsovereenkomst heeft aangegaan, draagt zorg dat ieder van haar leden, die bij de overeenkomst betrokken is, zo spoedig mogelijk de woordelijke inhoud van de overeenkomst in zijn bezit heeft.

2. Indien door de partijen een toelichting op de collectieve arbeidsovereenkomst is opgesteld, geldt de in het eerste lid bedoelde verplichting ook ten aanzien van deze toelichting.

Artikel 5

In geval van wijziging van de collectieve arbeidsovereenkomst en aan uitdrukkelijke verlenging van haar duur, vinden de bepalingen van de artikelen 3 en 4 overeenkomstige toepassing.

Artikel 6

Een wijziging van bepalingen in de statuten van een vereniging, welke het nakomen, het wijzigen, het verlengen of het opzeggen van collectieve arbeidsovereenkomsten betreffen, werkt niet ten aanzien van een voor de statutenwijziging door de vereniging aangegane collectieve arbeidsovereenkomst, tenzij de andere partijen bij die overeenkomst daarin toestemmen.

Artikel 7

1. Wanneer het tijdstip, waarop de werking der collectieve arbeidsovereenkomst aanvangt, niet bij de overeenkomst zelf is bepaald, vangt die werking aan met ingang van de vijftiende dag, volgende op die, waarop de overeenkomst is aangegaan.

2. Wanneer bij de collectieve arbeidsovereenkomst niet anders is bepaald, strekt haar werking zich van het tijdstip waarop deze aanvangt mede uit over op dat tijdstip reeds aangegane arbeidsovereenkomsten.

Artikel 8

1. Een vereniging, welke een collectieve arbeidsovereenkomst heeft aangegaan, is gehouden te bevorderen, in de mate als de goede trouw medebrengt, dat haar leden de daarbij te hunnen aanzien gestelde bepalingen nakomen.

2. De vereniging staat voor haar leden slechts in, voor zover zulks in de overeenkomst is bepaald.

Artikel 9

1. Allen, die tijdens de duur van de collectieve arbeidsovereenkomst, te rekenen van het tijdstip waarop zij is aangegaan, lid zijn of worden van een vereniging, welke de overeenkomst heeft aangegaan, en bij de overeenkomst zijn betrokken, zijn door die overeenkomst gebonden.

2. Zij zijn tegenover elk van de partijen bij de collectieve arbeidsovereenkomst gehouden, al datgene, wat te hunnen aanzien bij die overeenkomst is bepaald, te goeder trouw ten uitvoer te brengen, als hadden zij zelf zich daartoe verbonden.

Artikel 10

1. De leden van een vereniging, die door een collectieve arbeidsovereenkomst gebonden zijn, blijven ook na het verlies van het lidmaatschap door die overeenkomst gebonden.

2. Die gebondenheid eindigt, wanneer de overeenkomst na het verlies van het lidmaatschap wordt gewijzigd.

3. Ingeval van verlenging van de overeenkomst na het verlies van het lidmaatschap duurt de gebondenheid voort tot het tijdstip, waarop de overeenkomst zonder deze verlenging zou zijn geëindigd.

Artikel 11

Ontbinding van een vereniging, welke een collectieve arbeidsovereenkomst heeft aangegaan, heeft geen invloed op de rechten en verplichtingen, welke uit die overeenkomst voortvloeien.

Artikel 12

1. Elk beding tussen een werkgever en een werknemer, strijdig met een collectieve arbeidsovereenkomst door welke zij beiden gebonden zijn, is nietig; in plaats van zodanig beding gelden de bepalingen van de collectieve arbeidsovereenkomst.

2. De nietigheid kan steeds worden ingeroepen door elk van de partijen bij de collectieve arbeidsovereenkomst.

Artikel 13

Bij gebreke van bepalingen in een arbeidsovereenkomst omtrent aangelegenheden, geregeld in een collectieve arbeidsovereenkomst door welke zowel de werkgever als de werknemer gebonden zijn, gelden de bepalingen van de collectieve arbeidsovereenkomst.

Artikel 14

Wanneer bij de collectieve arbeidsovereenkomst niet anders is bepaald, is de werkgever, die door die overeenkomst gebonden is, verplicht, tijdens de duur van die overeenkomst haar bepalingen omtrent arbeidsvoorwaarden ook na te komen bij de arbeidsovereenkomsten als in de collectieve arbeidsovereenkomst bedoeld, welke hij aangaat met werknemers, die door de collectieve arbeidsovereenkomst niet gebonden zijn.

Artikel 15

Een vereniging, welke een collectieve arbeidsovereenkomst heeft aangegaan, kan, indien één der andere partijen bij die overeenkomst of één der leden van deze handelt in strijd met één van haar of zijn verplichtingen, vergoeding vorderen niet alleen voor de schade, welke zij zelf dientengevolge lijdt, doch ook voor die, welke haar leden lijden.

Artikel 16

Indien de schade niet op geld waardeerbaar is, zal als schadevergoeding een som geld naar billijkheid verschuldigd zijn.

Artikel 17

Bij de collectieve arbeidsovereenkomst kan met betrekking tot de schadevergoeding een voorziening worden getroffen, welke afwijkt van het bepaalde bij de artikelen 15 en 16.

Artikel 18

Een collectieve arbeidsovereenkomst kan niet voor langere tijd dan vijf jaren worden aangegaan behoudens verlenging zodanig, dat de partijen nimmer langer verbonden zijn dan vijf achtereenvolgende jaren, te rekenen van het tijdstip waarop de verlenging wordt overeengekomen.

Artikel 19

1. Wanneer een collectieve arbeidsovereenkomst voor een bepaalde tijd is aangegaan, wordt zij, zo niet bij de overeenkomst anders is bepaald, geacht telkens voor gelijke tijd, doch ten hoogste voor een jaar te zijn verlengd, behoudens opzegging; de termijn van opzegging is, tenzij bij de overeenkomst anders is bepaald, een twaalfde gedeelte van de tijd, waarvoor zij oorspronkelijk is aangegaan.

2. Wanneer de tijd, waarvoor een collectieve arbeidsovereenkomst wordt aangegaan, niet bij de overeenkomst is bepaald, wordt zij geacht te zijn aangegaan voor een jaar, met verlenging telkens voor gelijke tijd, behoudens opzegging ten minste een maand voor het einde van het jaar.

Artikel 20

1. De opzegging van een collectieve arbeidsovereenkomst moet worden gedaan aan alle partijen bij die overeenkomst.

2. Zij kan slechts geschieden bij aangetekende brief of bij deurwaardersexploot.

Artikel 21

Wanneer bij de collectieve arbeidsovereenkomst niet anders is bepaald, heeft een opzegging door één van de partijen tengevolge, dat de overeenkomst voor alle partijen eindigt.

Artikel 22

Alle akten en geschriften betreffende het aangaan, wijzigen of eindigen van collectieve arbeidsovereenkomsten, benevens alle stukken, welke door de partijen bij een collectieve arbeidsovereenkomst, tezamen of ieder afzonderlijk, hetzij in onderhandse vorm, hetzij ten overstaan van een openbare ambtenaar, zonder medewerking van derden, ter uitvoering van de collectieve arbeidsovereenkomst worden opgemaakt, zijn vrij van het recht van zegel en van de formaliteit van registratie of worden, indien deze formaliteit wordt gewenst, kosteloos geregistreerd.

Artikel 23

1. Elk der bij een collectieve arbeidsovereenkomst betrokken partijen is verplicht een gewaarmerkt exemplaar van de collectieve arbeidsovereenkomst alsmede van de daarin aangebrachte wijzigingen aan de minister van Welzijnszaken toe te zenden.

2. Van de beëindiging alsmede van de uitdrukkelijke verlenging van de duur ener collectieve arbeidsovereenkomst doen partijen zo spoedig mogelijk schriftelijk mededeling aan de minister van Welzijnszaken.

Artikel 24

Deze landsverordening kan worden aangehaald als Landsverordening collectieve arbeidsovereenkomst.

Europees Sociaal Handvest

Vindplaats:

Trb. 1961, 90, Trb. 1963, 90

(Geldig voor Aruba per datum publicatie)

Recht op collectief onderhandelen

Art. 6.

Ten einde de *onbelemmerde* uitoefening van het recht op collectief onderhandelen te waarborgen verbinden de Overeenkomstsluitende Partijen zich:

1. paritair overleg tussen werknemers en werkgevers te bevorderen;

2. indien nodig en nuttig de totstandkoming van een procedure te bevorderen voor vrijwillige onderhandelingen tussen werkgevers of organisaties van werkgevers en organisaties van werknemers, met het oog op de bepaling van beloning en arbeidsvoorwaarden door middel van collectieve arbeidsovereenkomsten;

3. de instelling en toepassing van een doelmatige procedure voor bemiddeling en vrijwillige arbitrage inzake de beslechting van arbeidsgeschillen te bevorderen; en erkennen:

4. het recht van werknemers en werkgevers op collectief optreden in gevallen van belangengeschillen, met inbegrip van het stakingsrecht, behoudens verplichtingen uit hoofde van reeds eerder gesloten collectieve arbeidsovereenkomsten.

Beperkingen

Art. 31.

1. Wanneer de in deel I genoemde rechten en beginselen en de in deel II geregelde *onbelemmerde* uitoefening en toepassing hiervan zijn verwezenlijkt, kunnen zij buiten de in deel I en deel II vermelde gevallen generlei beperkingen ondergaan, met uitzondering van die welke bij de wet zijn voorgeschreven en in een democratische samenleving noodzakelijk zijn voor de bescherming van de rechten en vrijheden van anderen en voor de bescherming van de openbare orde, de nationale veiligheid, de volksgezondheid of de goede zeden.

2. De krachtens het onderhavige Handvest geoorloofde beperkingen op de daarin vermelde rechten en verplichtingen kunnen uitsluitend worden toegepast voor het doel waarvoor zij zijn bestemd.

Europees Sociaal Handvest

Vindplaats:

Trb. 2004, 13

Trb. 2006, 128

(Geldig voor NL sinds 1 juli 2006)

Artikel 6.

Teneinde de *doeltreffende* uitoefening van het recht op collectief onderhandelen te waarborgen, verbinden de Partijen zich:

1. paritair overleg tussen werknemers en werkgevers te bevorderen;

2. indien nodig en nuttig de totstandkoming van een procedure te bevorderen voor vrijwillige onderhandelingen tussen werkgevers of organisaties van werkgevers en organisaties van werknemers, met het oog op de bepaling van beloning en arbeidsvoorwaarden door middel van collectieve arbeidsovereenkomsten;

3. de instelling en toepassing van een doelmatige procedure voor bemiddeling en vrijwillige arbitrage inzake de beslechting van arbeidsgeschillen te bevorderen;

en erkennen;

4. het recht van werknemers en werkgevers op collectief optreden in gevallen van belangengeschillen, met inbegrip van het stakingsrecht, behoudens verplichtingen uit hoofde van reeds eerder gesloten collectieve arbeidsovereenkomsten.

Beperkingen

Artikel G.

1.Wanneer de in deel I genoemde rechten en beginselen en de in deel II geregelde *doeltreffende* uitoefening en toepassing hiervan zijn verwezenlijkt, kunnen zij buiten de in deel I en deel II vermelde gevallen generlei beperkingen ondergaan, met uitzondering van die welke bij de wet zijn voorgeschreven en in een democratische samenleving noodzakelijk zijn voor de bescherming van de rechten en vrijheden van anderen en voor de bescherming van de openbare orde, de nationale veiligheid, de volksgezondheid of de goede zeden.

2.De krachtens dit Handvest geoorloofde beperkingen op de daarin vermelde rechten en verplichtingen kunnen uitsluitend worden toegepast voor het doel waarvoor zij zijn bestemd.

Landsverordening ziekteverzekering

Vindplaats:

AB 1993 no. GT 24

Wijzigingen:

AB 1994 no. 24; 1996 no. 25; 1997 no. 34; 2000 101 (inwtr. 2000 102); 2003 no. 62; 2005 no. 70, no. 74; 2007 no. 73 (inwtr. 2007 no. 88); 2007 no. 106, no. 116; 2008 no. 77; 2009 no. 75; 2012 no. 9

§1. Inleidende bepalingen

Artikel 1

In deze landsverordening wordt verstaan onder:

Minister: de minister van Publieke Werken en Volksgezondheid;

bank: de Sociale Verzekeringsbank;

werkgever: iedere natuurlijke of rechtspersoon die hier te lande een of meer arbeiders arbeid doet verrichten, alsmede de natuurlijke of rechtspersoon die, hier te lande gevestigd, een of meer arbeiders die eveneens hier te lande gevestigd zijn, arbeid doet verrichten in het buitenland;

arbeider: een ieder die voor een werkgever in dienstverband of persoonlijk in aangenomen werk arbeid verricht, behalve:

- voor wat degene betreft, die persoonlijk in aangenomen werk arbeid verricht, indien hij zelf door de bank als werkgever is aangemerkt;

- ouders en inwonende kinderen van de werkgever, tenzij van een normaal dienstverband tegen het gebruikelijke loon sprake is;

- huispersoneel en thuiswerkers;

- losse arbeiders, waaronder wordt verstaan arbeiders die als regel geen twaalf achtereenvolgende dagen, niet meegerekend zondagen en daarmee krachtens de Arbeidsverordening (AB 1990 no. GT 57) gelijkgestelde dagen, in dienst van de werkgever zijn;

- degene die een dagloon geniet, hoger dan Afl. 175,-, indien voor hem een 6-daagse werkweek geldt;

- degene die een dagloon geniet, hoger dan Afl. 210,- indien voor hem een 5-daagse werkweek geldt;

- de kapitein en schepelingen op Arubaanse zeeschepen;

- degene die in dienst is van een publiekrechtelijk lichaam en aan de voor hem geldende rechtspositieregelingen aanspraak op tegemoetkoming bij ziekte kan ontlenen;

indien de in aangenomen werk arbeidende persoon die niet zelf door de bank als werkgever is aangemerkt, zich bij het verrichten van zijn arbeid door anderen laat bijstaan, worden ook die anderen beschouwd als arbeider van de werkgever van wie het werk is aangenomen; bij landsbesluit, houdende algemene maatregelen, kunnen personen die ingevolge het voorgaande niet de hoedanigheid van arbeider hebben, als arbeider worden aangemerkt, eventueel onder nader te stellen voorwaarden;

behandelende geneeskundige: de huisarts of medisch specialist, tot wie de arbeider zich met inachtneming van de voorschriften van de Landsverordening algemene ziektekostenverzekering heeft gewend;

controlerende geneeskundige: de geneeskundige die als zodanig door de bank is aangewezen;

arbeids-ongeschiktheid: de toestand waarin de arbeider verkeert, die als gevolg van ziekte gedurende een etmaal of langer niet in staat is om zijn normale arbeid te verrichten of deze arbeid zo lang niet mag verrichten hetzij om een medisch noodzakelijk onderzoek mogelijk te maken, hetzij om te voorkomen, dat zijn genezing wordt belemmerd, dan wel om besmetting van anderen te voorkomen;

loon: elke uitkering in welke vorm ook welke de arbeider als vergoeding voor zijn arbeid ten laste van zijn werkgever geniet, alsook ontvangsten van derden, welke van invloed zijn op de voorwaarden van de arbeidsovereenkomst, behalve:

- vergoeding voor het verrichten van overwerk in de zin van de Arbeidsverordening;

- de toeslag op het loon ingevolge artikel 58 van de Landsverordening algemene ouderdomsverzekering (AB 1990 no. GT 33) en artikel 52 van de Landsverordening algemene weduwen- en wezenverzekering;

- de sociale verzekeringspremies welke ten laste van de werkgever komen;

- vergoeding boven het normale loon voor het tijdelijk verrichten van andere dan de normale arbeid waartoe hij ingevolge arbeidsovereenkomst met zijn werkgever verplicht is;

- vergoeding welke bij uitzondering wordt gegeven voor het verrichten van een boven het normale liggende arbeidsprestatie;

dagloon van de arbeider voor wie een 6-daagse werkweek geldt:

bij een uurloon	de geldswaarde van het loon per uur, vermenigvuldigd met het aantal werkuren per week van de betrokkenarbeider, het verkregen product, gedeeld door 6;
bij een weekloon	de geldswaarde van het loon per week, gedeeld door 6;
bij een maandloon	de geldswaarde van het loon per maand, vermenigvuldigd met 3, en gedeeld door 78;

dagloon van de arbeider voor

wie een 5-daagse werkweek geldt:

bij een uurloon	de geldswaarde van het loon per uur, vermenigvuldigd met het aantal werkuren per week van de betrokken arbeider, het verkregen product, gedeeld door 5;
bij een weekloon	de geldswaarde van het loon per week, gedeeld door 5;
bij een maandloon	de geldswaarde van het loon per maand, vermenigvuldigd met 3, en gedeeld door 65.

§2. Vaststelling van het dagloon

Artikel 2

1. Werkgever en arbeider stellen bij de aanvang van het dienstverband, en telkens wanneer het loon gewijzigd wordt, het dagloon vast met inachtneming van het daaromtrent in artikel 1 bepaalde.

2. Indien het loon geheel of gedeeltelijk bestaat uit huisvesting, verstrekkingen in natura, onderricht of geldelijke uitkeringen waarvan de grootte niet bij voorbaat vaststaat zoals provisie, commissie, tantième, fooien, vergoedingen voor aangenomen werk en dergelijke, bepalen werkgever en arbeider ter vaststelling van het dagloon de gemiddelde geldswaarde daarvan.

3. Indien het aantal werkuren per week, in het geval een uurloon wordt betaald, niet bij voorbaat vaststaat, bepalen werkgever en arbeider ter vaststelling van het dagloon het te verwachten gemiddeld aantal werkuren per week.

4. De bank kan al dan niet op verzoek van werkgever of arbeider het dagloon vaststellen of het vastgestelde dagloon wijzigen. Zij brengt haar beslissing, welke in de plaats treedt van de beslissing van werkgever en arbeider, schriftelijk en met redenen omkleed ter kennis van de werkgever en de arbeider.

5. Bij landsbesluit, houdende algemene maatregelen, kunnen regelen worden vastgesteld, welke bij de bepaling van de geldswaarde van het niet in geld genoten loon moeten worden in acht genomen.

§3. Tegemoetkoming

Artikel 3

1. De arbeider heeft in geval van ziekte krachtens de bepalingen van deze landsverordening en ongeacht het voortduren van het dienstverband tegenover de bank recht op tegemoetkoming, bestaande uit uitkeringen in geld.

2. Met ziekte wordt gelijkgesteld lichamelijk letsel als gevolg van een ongeval, tenzij de arbeider op grond daarvan rechten ontleent aan de Landsverordening ongevallenverzekering.

§ 3a. Tegemoetkoming tijdens zwangerschaps- en bevallingsverlof

Artikel 3a

1. De vrouwelijke arbeider heeft gedurende een periode van maximaal 12 weken recht op een tegemoetkoming overeenkomstig artikel 5, tweede lid.

2. Het recht op tegemoetkoming vangt aan op hetzelfde tijdstip als het zwangerschaps- en bevallingsverlof, bedoeld in artikel 1614ca van het Burgerlijk Wetboek van Aruba. De

vrouwelijke arbeider meldt tenminste twee maanden voor het tijdstip van ingang van het zwangerschaps- en bevallingsverlof aan de Bank dat zij gebruik wenst te maken van het recht op tegemoetkoming onder overlegging van een schriftelijke verklaring van een arts of verloskundige betreffende de bevallingsdatum.

3. Indien de vrouwelijke arbeider dat wenst, vangt het recht op tegemoetkoming aan op een later tijdstip, doch uiterlijk vier weken voor het tijdstip van de vastgestelde bevallingsdatum.

4. Voor de toepassing van het tweede lid worden de dagen waarover de vrouwelijke arbeider ongeacht de ziekteoorzaak een tegemoetkoming heeft genoten, in de periode waarin zij recht heeft op de tegemoetkoming, bedoeld in het eerste lid, maar die tegemoetkoming nog niet is ingegaan, aangemerkt als dagen waarover zij tegemoetkoming in verband met zwangerschap en bevalling heeft genoten.

Artikel 4

(vervallen)

§4. Uitkeringen in geld

Artikel 5

1. De arbeider die als gevolg van ziekte arbeidsongeschikt is, heeft recht op een uitkering in geld, ziekengeld genaamd, vanaf de vierde dag van de ziektemelding. De arbeider meldt zich daartoe op de eerste dag van de ziekte bij de Bank. Het recht op ziekengeld ter zake van eenzelfde ziekteoorzaak vervalt na twee jaren.

2. Het ziekengeld bedraagt per dag 80% van het dagloon en voor de vrouwelijke arbeider die zwangerschaps- en bevallingsverlof geniet 100% van het dagloon.

3. Bij gedeeltelijke arbeidsongeschiktheid bedraagt het ziekengeld per dag een in evenredige verhouding tot het percentage van de arbeidsongeschiktheid staand deel van het ziekengeld.

4. De arbeider heeft geen recht op ziekengeld:

a. over de zondagen of de daarvoor voor hem in de plaats tredende vrije dagen, terwijl de arbeider voor wie een 5-daagse werkweek geldt bovendien geen recht heeft op ziekengeld over de vrije zaterdagen of de daarvoor voor hem in de plaats tredende vrije dagen;

b. over de periode dat hem ziekengeld ter zake van een andere ziekte wordt uitgekeerd.

5. Wanneer de arbeider tijdens zijn arbeidsongeschiktheid van zijn werkgever loon ontvangt, wordt het ziekengeld per dag verminderd met het bedrag waarmede het ziekengeld en het loon per dag tezamen het dagloon waarnaar het ziekengeld is berekend, overtreft.

6. Tijdens het dienstverband is de werkgever in geval van arbeidsongeschiktheid van de arbeider verplicht een uitkering, gelijk aan het ziekengeld waarop de arbeider over de betreffende loontermijn tegenover de bank recht heeft, aan de arbeider uit te betalen op de dag waarop het loon moet worden uitbetaald of zou moeten worden uitbetaald, indien de arbeider niet arbeidsongeschikt zou zijn. De werkgever die een uitkering volgens het bepaalde in de voorgaande volzin heeft uitbetaald, heeft, in plaats van de arbeider, tegenover de bank recht op het betreffende ziekengeld en op uitbetaling daarvan uiterlijk zeven dagen na schriftelijke aanvrage bij de bank, in te dienen na afloop van de maand waarin de uitkering wordt uitbetaald. Indien de werkgever de uitkering niet tijdig uitbetaalt, keert de bank het ziekengeld aan de arbeider uit.

§5. Vaststelling van de tegemoetkoming

Artikel 6

1. Zo spoedig mogelijk deelt de bank, mede aan de hand van de bevindingen en voorschriften van de behandelende geneeskundige, aan de arbeider schriftelijk mee, welke tegemoetkoming hem zal worden verstrekt, en eventueel, dat en op welke gronden zij zich niet of niet langer tot tegemoetkoming gehouden acht. De werknemer stelt de werkgever onverwijld van deze mededeling in kennis.

2. Zodra de behandelende geneeskundige bevindt, dat de arbeider:

- zich onder geneeskundige behandeling moet stellen;
- zich niet of niet langer onder geneeskundige behandeling behoeft te stellen;
- als bedlegerig patiënt behandeld moet worden;
- niet of niet langer als bedlegerig patiënt behandeld behoeft te worden;
- arbeidsongeschikt is;
- niet of niet langer arbeidsongeschikt is;

geeft hij van deze bevindingen en zijn daaruit volgende voorschriften schriftelijk kennis aan de bank.

Artikel 7

1. De arbeider heeft geen recht op tegemoetkoming of verliest dit recht:

a. indien de ziekte te wijten is aan zijn opzet of grove schuld, dan wel aan het gebruik van alcoholhoudende drank of bedwelmende middelen, als ook indien de afwijking reeds bestond of de ziekte is ontstaan op een tijdstip waarop de arbeider niet de hoedanigheid van arbeider in de zin van deze landsverordening bezat;

b. indien hij geen geneeskundige hulp inroept en zich niet gedurende het gehele verloop van de ziekte onder behandeling blijft stellen, of indien hij de voorschriften van de behandelend geneeskundige niet opvolgt;

c. indien hij zich schuldig maakt aan gedragingen waardoor zijn genezing wordt belemmerd;

d. indien hij niet op de tijden en plaatsen, door de bank aangewezen, de behandelende geneeskundige toestaat hem te onderzoeken of te behandelen, dan wel diens voorschriften niet opvolgt of zich daarnaast aan andere geneeskundige behandeling onderwerpt;

e. indien hij niet op de tijden en plaatsen, door de bank aangewezen, de controlerende geneeskundige toestaat hem te onderzoeken;

f. indien hij de aanwijzingen van de controlerende geneeskundige, ook wanneer deze afwijken van de voorschriften van de behandelende geneeskundige, niet opvolgt;

g. indien hij zonder de toestemming van de bank het Land verlaat;

h. indien en voor zoveel hij, met betrekking tot de ziekte, recht heeft op tegemoetkoming krachtens de Landsverordening ongevallenverzekering of krachtens enige wettelijke regeling op het gebied van de volksgezondheid.

2. Indien de arbeider tevens rechten ontleent aan een buitenlandse soortgelijke wettelijke regeling, worden de rechten waarop krachtens deze landsverordening aanspraak bestaat, dienovereenkomstig verminderd.

§6. Premie

Artikel 8

1. De werkgever is ter zake van de kosten, aan de uitvoering van deze landsverordening verbonden, aan de bank een premie verschuldigd. De werkgever stort de premie bij de kassa van de bank of bij een door de bank aangewezen kredietinstelling.

2. De premie wordt berekend naar een percentage van het dagloon van de arbeider. Het percentage wordt vastgesteld bij landsbesluit, houdende algemene maatregelen. Als regel wordt het percentage telkens voor een periode van twee jaren vastgesteld en wel zodanig, dat het totaal van de over de eerstvolgende periode te ontvangen premies voldoende zal zijn om daaruit de te verwachten uitgaven van het ziektefonds als bedoeld in het vijfde lid, over die periode te voldoen, alsmede om een bij landsbesluit, houdende algemene maatregelen, te bepalen reserve te vormen en in stand te houden. Wanneer het dagloon van de arbeider voor wie een 6-daagse werkweek geldt, meer dan Afl. 175,- en van de arbeider voor wie een 5-daagse werkweek geldt, meer dan Afl. 210,- bedraagt, is over het meerdere geen premie verschuldigd. De in de voorgaande volzin en in artikel 1 in de definitiebepaling van "arbeider" vermelde bedragen kunnen bij landsbesluit, houdende algemene maatregelen, worden aangepast aan de ontwikkeling van de prijsindexcijfers van de gezinsconsumptie.

De aanpassing heeft plaats met ingang van de eerste dag van enig kalenderjaar op basis van de stijging welke het prijsindexcijfer voor de maand augustus, daaraan voorafgaande, aangeeft ten opzichte van het prijsindexcijfer voor de maand augustus van het voorafgaande jaar. Een overeenkomst met betrekking tot de verzekering van geneeskundige verzorging of van de kosten daarvan, gesloten voor een werknemer die krachtens een landsbesluit, houdende algemene maatregelen, als bedoeld in de vijfde volzin van dit artikellid, wordt verzekerd, vervalt met ingang van het tijdstip van de inwerkingtreding van dat landsbesluit, voor zover aan de overeenkomst rechten kunnen worden ontleend, gelijkwaardig aan die welke uit de in deze landsverordening geregelde verzekering voortvloeien. De premie welke voor de geheel of gedeeltelijk vervallen verzekering is vooruitbetaald, wordt door de verzekeraar, al naargelang van het vervallen gedeelte van de overeenkomst, terugbetaald onder aftrek van ten hoogste 25 procent van het terug te betalen bedrag voor administratiekosten.

3. De premie wordt jaarlijks geheven door middel van een voorlopige en een definitieve aanslag.

4. Invordering van de premie en andere uit deze landsverordening voortvloeiende kosten vindt plaats volgens de regelen die van toepassing zijn op de invordering van directe belastingen, met dien verstande dat:

a. de taken die daarin aan de Ontvanger zijn toebedeeld, door de bank worden uitgevoerd, en

b. dat de bank het uitvoeren van de daarin opgenomen werkzaamheden kan opdragen aan eigen deurwaarders.

De vordering wegens de premie, met inbegrip van alle kosten, is bevoorrecht op alle goederen van de werkgever en gaat boven alle andere voorrechten met uitzondering van die ter zake van de directe belastingen, die van de artikelen 287 en 288, onderdeel a, van Boek 3 van het Burgerlijk

Wetboek van Aruba, alsmede het voorrecht van artikel 284 van Boek 3 van het Burgerlijk Wetboek van Aruba, voor zover de daar bedoelde kosten zijn gemaakt na de voorlopige of definitieve aanslag.

5. De premie wordt gestort in een door de bank beheerd ziektefonds. Bij landsbesluit, houdende algemene maatregelen, worden voorschriften vastgesteld met betrekking tot de belegging van de gelden van het ziektefonds.

6. Ten laste van het ziektefonds komen de door de bank verstrekte tegemoetkomingen als bedoeld in deze landsverordening, alsmede alle andere kosten, verbonden aan de uitvoering van deze landsverordening.

Artikel 9

(vervallen)

Artikel 10

1. Tegen een beslissing van de bank, behoudens artikel 10a en artikel 14b, tweede en derde lid, is binnen drie weken na haar dagtekening schriftelijk beroep mogelijk op het college van beroep, hetwelk in enige en hoogste instantie beslist.

2. Het college van beroep bestaat uit drie door de Minister benoemde leden, te weten een lid-voorzitter die de hoedanigheid van meester in de rechten of de graad Bachelor op het gebied van het recht en tevens de graad Master op het gebied van het recht bezit, één lid te benoemen uit werkgeverskringen, zo mogelijk in overleg

met organisaties van werkgevers, en één lid te benoemen uit werknemerskringen, zo mogelijk in overleg met organisaties van werknemers. De Minister voegt aan dit college een secretaris toe.

3. Bij landsbesluit, houdende algemene maatregelen, worden nadere regelen vastgesteld, welke voor een goede gang van zaken bij beroep nodig zijn. Daarbij zal tevens de plaatsvervanging van de leden worden geregeld, alsmede de vergoeding van de leden, plaatsvervangende leden en de secretaris.

Artikel 10a

1. Ten aanzien van een beslissing van de bank inzake dwanginvordering staat rechtsingang open bij het gerecht in eerste aanleg.

2. De tenuitvoerlegging van een dwangschrift wordt slechts geschorst door een met redenen omkleed verzet.

3. Het verzet wordt betekend aan de bank; op straffe van nietigheid bevat het verzet keuze van domicilie in Aruba en wordt het binnen een maand na deze betekening het geding tegen de bank aanhangig gemaakt bij het gerecht in eerste aanleg.

4. Verzet is niet gegrond op het niet-ontvangen van een aanslagbiljet, kennisgeving van te betalen premie of aanmaning en is nimmer gericht tegen de wettigheid of de hoegrootheid van het gevorderde bedrag, noch gegrond op

de bewering dat aanspraak zou bestaan op ontheffing of vermindering.

5. Indien het verzet wordt afgewezen, staat geen hoger beroep open dan na bewijs dat de premie en de kosten zijn geconsigneerd in handen van de bank.

§8. Vorderingen en aansprakelijkheid

Artikel 11

1. De termijnen van het ziekengeld, welke niet zijn ingevorderd binnen twee jaar na de eerste dag waarop zij konden worden ingevorderd, worden niet meer uitbetaald.

2. Ieder beding dat de aansprakelijkheid van de werkgever ingevolge de bepalingen van deze landsverordening uitsluit of vermindert, is nietig.

3. Het is de werkgever verboden de voor hem uit de bepalingen van deze landsverordening voortvloeiende kosten geheel of gedeeltelijk te verhalen op het loon van de arbeider.

4. De arbeidsgeschikte zieke arbeider die ten behoeve van geneeskundig onderzoek of behandeling noodzakelijk het verrichten van zijn arbeid onderbreekt, behoudt gedurende die tijd tegenover zijn werkgever recht op loon.

5. De arbeider die de tegemoetkoming in ontvangst neemt, wordt daardoor niet geacht van het recht op het hem eventueel meer toekomende afstand te hebben gedaan.

6. Indien de arbeider in verband met zijn ziekte, op grond waarvan een tegemoetkoming als bedoeld in deze landsverordening, is toegekend, tegen de werkgever een rechtsvordering tot schadevergoeding heeft naar burgerlijk recht, wordt die vordering op grond van deze landsverordening niet verloren, doch de rechter houdt bij de

vaststelling van de schadevergoeding rekening met hetgeen krachtens deze landsverordening aan de arbeider is toegekend.

7. Hij die gehouden is tot vergoeding van de schade, door de arbeider geleden als gevolg van ziekte, is voor de tegemoetkoming aan de arbeider toegekend krachtens deze landsverordening aansprakelijk jegens degene te wiens laste die tegemoetkoming komt.

8. De tegemoetkoming is onvervreemdbaar, niet vatbaar voor verpanding of belening, evenmin voor executoriaal of conservatoir beslag, noch voor faillissementsbeslag, behalve tot verhaal van het verschuldigde wegens levering van levensbehoeften, verstrekt aan degene tegen wie het beslag gedaan wordt, en tot verhaal van onderhoud waartoe degene die de uitkering geniet, ingevolge wettelijke regelingen is gehouden.

9. Hoofdelijk aansprakelijk voor de verschuldigde premie en de administratieve boete is:

a. voor een niet in Aruba wonende of gevestigde werkgever: de leider van zijn vaste inrichting in Aruba, zijn in Aruba wonende of gevestigde vaste vertegenwoordiger, dan wel degene die de leiding heeft van de hier te lande verrichte werkzaamheden;

b. voor een in Aruba wonende of gevestigde rechtspersoon: iedere bestuurder;

c. voor een geen rechtspersoonlijkheid bezittende vennootschap of vereniging: ieder van de bestuurders;

d. voor twee of meer werkgevers: ieder van de werkgever.

De heffing van de premie voor de gevallen, bedoeld in de onderdelen a tot en met d, geschiedt door middel van een aanslag.

§9. Uitvoering en toezicht

Artikel 12

1. De bank is belast met de uitvoering van deze landsverordening.

2. Een ieder is verplicht ten behoeve van de uitvoering alle door de bank verlangde inlichtingen te verstrekken, desverlangd schriftelijk en binnen een door de bank te stellen termijn.

Artikel 13

Ter uitvoering van deze landsverordening kunnen nadere regelen worden gesteld bij landsbesluit, houdende algemene maatregelen.

Artikel 13a

1. Met het toezicht op de naleving van het bij of krachtens deze landsverordening bepaalde zijn belast de daartoe bij landsbesluit aangewezen ambtenaren. Een zodanig landsbesluit wordt bekendgemaakt in de Landscourant van Aruba.

2. De krachtens het eerste lid aangewezen ambtenaren zijn, uitsluitend voor zover dat voor de uitoefening van hun taak redelijkerwijze noodzakelijk is, bevoegd:

a. alle inlichtingen te vragen;

b. inzage te verlangen van alle zakelijke boeken, bescheiden en andere informatiedragers en daarvan afschrift te nemen of deze daartoe tijdelijk mee te nemen;

c. alle plaatsen, met uitzondering van woningen zonder de uitdrukkelijke toestemming van de bewoner, te betreden, vergezeld van door hen aangewezen personen.

3. Zo nodig, wordt de toegang tot een plaats als bedoeld in het tweede lid, onderdeel c, verschaft met behulp van de sterke arm.

4. Bij landsbesluit, houdende algemene maatregelen, worden regels gesteld met betrekking tot de wijze van taakuitoefening van de krachtens het eerste lid aangewezen ambtenaren.

5. Een ieder is verplicht aan de krachtens het eerste lid aangewezen ambtenaren alle medewerking te verlenen, die in het kader van de toezichtsuitoefening op grond van het tweede lid wordt gevorderd.

Artikel 14

Alle ingevolge deze landsverordening opgemaakte of overgelegde stukken, verzoekschriften en beschikkingen zijn vrij van het recht van zegel en van de formaliteit van registratie.

§ 10. Administratieve boete

Artikel 14a

1. Indien de verschuldigde premie geheel of gedeeltelijk niet binnen de voorgeschreven termijn door de werkgever is betaald, kan de niet of te weinig betaalde premie na verzending van een aanmaning aan de persoon of personen, bedoeld in artikel 11, negende lid, onderdelen a tot en met d, van deze ingevorderd worden, zolang niet sedert het einde van het kalenderjaar waarin de premieschuld is ontstaan, vijf jaren zijn verstreken.

2. Ten aanzien van eenzelfde tijdvak kunnen meerdere aanslagen of navorderingen worden opgelegd.

Artikel 14b

1. Indien de werkgever onjuiste of onvolledige gegevens aan de bank verstrekt, dan wel niet binnen de voorgeschreven termijn de premie betaalt, kan het bedrag van de niet-afgedragen premie bij wijze van administratieve boete worden verhoogd met ten hoogste honderd procent, doch met ten minste honderd florin.

2. De verhoging, bedoeld in het eerste lid, blijft geheel of gedeeltelijk buiten toepassing, indien degene die in gebreke is gebleven, na verloop van de voorgeschreven termijn, doch vóór het opleggen van de administratieve boete eigener beweging schriftelijk erkend heeft, dat door hem ten onrechte geen of te weinig premie is betaald, mits hij

schriftelijk het door de bank naar aanleiding daarvan opgestelde betalingsregeling aanvaardt en zich daaraan stipt houdt.

3. Richtlijnen ter uitwerking van het eerste en tweede lid worden ter goedkeuring aan de Raad van Toezicht en Advies voorgelegd.

Artikel 14c

De werkgever voert zijn loonadministratie op een zodanige wijze dat daaruit duidelijk blijkt aan de hand waarvan, en de wijze waarop de premie berekend en betaald wordt.

§11. Straf- en slotbepalingen

Artikel 15

1. Hij die opzettelijk door giften, beloften, misbruik van gezag, geweld, bedreiging of misleiding een arbeider beweegt om geen gebruik te maken van een hem volgens deze landsverordening toekomend recht, wordt gestraft met gevangenisstraf van ten hoogste een jaar of geldboete van ten hoogste vijfentwintigduizend florin.

2. Hij die opzettelijk een valse verklaring aan de bank aflegt, wordt gestraft met gevangenisstraf van ten hoogste een jaar of geldboete van ten hoogste vijfentwintigduizend florin.

3. Overtreding van artikel 11, derde lid, alsmede het niet of niet tijdig nakomen van een der verplichtingen gesteld bij of krachtens de artikelen 5, zesde lid, eerste volzin, 6, eerste lid, tweede volzin, 13 en 13a, vijfde lid, wordt gestraft met hechtenis van ten hoogste een maand of geldboete van ten hoogste tweeduizendvijfhonderd florin.

4. De in het eerste en tweede lid strafbaar gestelde feiten zijn misdrijven; de in het derde lid strafbaar gestelde feiten zijn overtredingen.

Artikel 15a

1. Met de opsporing van de bij of krachtens deze landsverordening strafbaar gestelde feiten zijn, naast de in artikel 184 van het Wetboek van Strafvordering van Aruba bedoelde personen, belast de daartoe bij landsbesluit aangewezen ambtenaren. Een zodanig landsbesluit wordt bekendgemaakt in de Landscourant van Aruba.

2. Bij landsbesluit, houdende algemene maatregelen, kunnen regels worden gesteld omtrent de vereisten waaraan de krachtens het eerste lid aangewezen ambtenaren dienen te voldoen.

Artikel 15b

Aan deze landsverordening kunnen geen rechten worden ontleend, tenzij de arbeider zich bij de bank als verzekerde heeft ingeschreven.

Artikel 16

Deze landsverordening kan worden aangehaald als Landsverordening ziekteverzekering.

Landsverordening ongevallenverzekering

Vindplaats:

AB 1996 GT 26

Wijzigingen:

AB 1996 no. 25; 1997 no. 34; 2000 101 (inwtr. 2000 102); 2003 no. 62; 2005 no. 70, no. 74; 2007 no. 73 (inwtr. 2007 no. 88); 2007 no. 106, no. 116; 2008 no. 77; 2009 no. 75; 2010 no. 98 (inwtr. 2010 no. 103); 2012 no. 9

§1. Inleidende bepalingen

Artikel 1

In deze landsverordening wordt verstaan onder:

Minister:
de minister, belast met werknemersverzekeringen;

Bank:
de Sociale Verzekeringsbank;

werkgever:
iedere natuurlijke of rechtspersoon die hier te lande een of meer arbeiders arbeid doet verrichten, alsmede de natuurlijke of rechtspersoon die, hier te lande gevestigd, een of meer arbeiders die eveneens hier te lande gevestigd zijn, arbeid doet verrichten in het buitenland;

arbeider:
een ieder die voor een werkgever in dienstverband of persoonlijk in aangenomen werk arbeid verricht, behalve:

-voor wat betreft degene die persoonlijk in aangenomen werk arbeid verricht, indien hij zelf door de Bank als werkgever is aangemerkt;

-ouders en inwonende kinderen van de werkgever, tenzij van een normaal dienstverband tegen het gebruikelijke loon sprake is;

-huispersoneel;

-thuiswerkers, met uitzondering van hen die arbeiden met bij landsbesluit, houdende algemene maatregelen, als gevaarlijk aangewezen stoffen;

-de kapitein en schepelingen op Arubaanse zeeschepen;

-degene die in dienst is van een publiekrechtelijk lichaam en aan de voor hem geldende rechtspositieregelingen aanspraak op tegemoetkoming bij ongeval kan ontlenen;

indien de in aangenomen werk arbeidende persoon die niet zelf door de Bank als werkgever is aangemerkt, zich bij het verrichten van zijn arbeid door anderen laat bijstaan, worden ook die anderen beschouwd als arbeider van de werkgever van wie het werk is aangenomen; bij landsbesluit, houdende algemene maatregelen, kunnen personen die ingevolge het voorgaande niet de hoedanigheid van arbeider hebben, als arbeider worden aangemerkt, eventueel onder nader te stellen voorwaarden;

geneeskundige:

de huisarts of medische specialist, tot wie de arbeider zich met inachtneming van de voorschriften van de Landsverordening algemene ziektekostenverzekering voor geneeskundige hulp heeft gewend;

controlerende geneeskundige:

de geneeskundige die als zodanig door de Bank is aangewezen;

ongeval:

een ongeval dat de arbeider in verband met zijn dienstbetrekking is overkomen, alsook de bij landsbesluit, houdende algemene maatregelen, aan te wijzen ziekten en lichamelijke letsels in betrekkelijke korte tijd ontstaan, mits voldaan is aan de daarbij gestelde voorwaarden;

arbeidsongeschiktheid:

de toestand waarin de arbeider verkeert, die als gevolg van een ongeval gedurende een etmaal of langer niet in staat is om zijn normale arbeid te verrichten of deze arbeid zo lang niet mág verrichten, hetzij om een medisch noodzakelijk onderzoek mogelijk te maken, hetzij om te voorkomen dat zijn genezing wordt belemmerd;

loon:

elke uitkering, in welke vorm ook, die de arbeider als vergoeding voor zijn arbeid ten laste van zijn werkgever geniet, alsook ontvangsten van derden, die van invloed zijn op de voorwaarden van de arbeidsovereenkomst, behalve:

-vergoeding voor het verrichten van overwerk in de zin van deArbeidsverordening (AB 1990 no. GT

57);

-de toeslag op het loon ingevolge artikel 58 van de Landsverordening algemene ouderdomsverzekering (AB

1990 no. GT 33) en artikel 52 van de Landsverordening algemene weduwen- en wezenverzekering;

-de sociale verzekeringspremies die ten laste van de werkgever komen;

-vergoeding boven het normale loon voor het tijdelijk verrichten van andere dan de normale arbeid waartoe hij ingevolge arbeidsovereenkomst in het bedrijf van zijn werkgever is verplicht;

-vergoeding die bij uitzondering wordt gegeven voor het verrichten van een boven het normale liggende arbeidsprestatie;

dagloon van de arbeider voor wie een 6- daagse werkweek geldt :

bij een uurloon:

de geldswaarde van het loon per uur, vermenigvuldigd met het aantal werkuren per week van de betrokken arbeider, het verkregen product gedeeld door 6;

bij een weekloon:

de geldswaarde van het loon per week, gedeeld door 6;

bij een maandloon:

de geldswaarde van het loon per maand, vermenigvuldigd met 3, en gedeeld door 78;

dagloon van de arbeider voor wie een 5- daagse werkweek geldt:

bij een uurloon:

de geldswaarde van het loon per uur, vermenigvuldigd met het aantal werkuren per week van de betrokken arbeider, het verkregen product gedeeld door 5;

bij een weekloon:

de geldswaarde van het loon per week, gedeeld door 5;

bij een maandloon:

de geldswaarde van het loon per maand, vermenigvuldigd met 3, en gedeeld door 65.

§2. Vaststelling van het dagloon

Artikel 2

1. Werkgever en arbeider stellen bij de aanvang van het dienstverband, en telkens wanneer het loon gewijzigd wordt, het dagloon vast met inachtneming van het daaromtrent in artikel 1 bepaalde.

2. Indien het loon geheel of gedeeltelijk bestaat uit huisvesting, verstrekkingen in natura, onderricht of geldelijke uitkeringen waarvan de grootte niet bij voorbaat vast staat zoals provisie, commissie, tantième, fooien, vergoeding voor aangenomen werk en dergelijke, bepalen werkgever en arbeider ter vaststelling van het dagloon de gemiddelde geldswaarde daarvan.

3. Indien het aantal werkuren per week, in het geval een uurloon wordt betaald, niet bij voorbaat vaststaat, bepalen werkgever en arbeider ter vaststelling van het dagloon het te verwachten gemiddelde aantal werkuren per week.

4. De Bank kan al dan niet op verzoek van werkgever of arbeider het dagloon vaststellen of het vastgestelde dagloon wijzigen. Zij brengt haar beslissing, die in de plaats treedt van de beslissing van werkgever en arbeider, schriftelijk en met redenen omkleed ter kennis van de werkgever en de arbeider.

5. Bij landsbesluit, houdende algemene maatregelen, kunnen regelen worden vastgesteld, die bij de bepaling van de geldswaarde van het niet in geld genoten loon in acht moeten worden genomen.

§3. Tegemoetkoming

Artikel 3

1. De arbeider aan wie een ongeval is overkomen, heeft krachtens de bepalingen van deze landsverordening en ongeacht het voortduren van het dienstverband tegenover de Bank recht op tegemoetkoming, bestaande uit uitkeringen in geld.

2. De nagelaten betrekkingen van de arbeider die als gevolg van een ongeval is overleden, hebben krachtens de bepalingen van deze landsverordening tegenover de Bank recht op tegemoetkoming, bestaande uit uitkeringen in geld.

Artikel 4

(vervallen)

§4. Uitkeringen in geld

Artikel 5

1. De arbeider die als gevolg van het ongeval geheel of gedeeltelijk arbeidsongeschikt is, heeft recht op een uitkering in geld, ongevallengeld genaamd, met ingang van de dag na die van de melding van het ongeval bij de Bank.

2. Bij volledige arbeidsongeschiktheid bedraagt het ongevallengeld als volgt:

a. gedurende de eerste 52 weken 100% van het dagloon;

b. voor de verdere duur 80% van het dagloon.

3. Bij gedeeltelijke arbeidsongeschiktheid bedraagt het ongevallengeld per dag gedurende de in het tweede lid genoemde tijdvakken een in een evenredige verhouding tot het percentage van de arbeidsongeschiktheid staand deel van de in het tweede lid genoemde percentages van het dagloon.

4. De arbeider heeft geen recht op ongevallengeld over de zondagen of de daarvoor voor hem in de plaats tredende vrije dagen, terwijl de arbeider voor wie een 5-daagse werkweek geldt, bovendien geen recht heeft op ongevallengeld over de vrije zaterdagen of de daarvoor voor hem in de plaats tredende vrije dagen.

5. Wanneer de arbeider tijdens zijn arbeidsongeschiktheid van zijn werkgever loon ontvangt, wordt het ongevallengeld per dag verminderd met het bedrag waarmee het ongevallengeld en het loon per dag tezamen het oorspronkelijke loon per dag overtreft.

6. a. Van de nagelaten betrekkingen van de als gevolg van het hem overkomen ongeval overleden arbeider hebben, met ingang van de dag na die van het overlijden, recht op een uitkering in geld:

-de echtgenote met wie de overleden arbeider ten tijde van het ongeval gehuwd was, of van wie de overledene gescheiden was, doch in wier levensonderhoud de overledene moest voorzien, tot de dag dat zij opnieuw in het huwelijk treedt;

-de echtgenoot met wie de overleden vrouwelijke arbeider ten tijde van het ongeval gehuwd was, indien de overledene zijn kostwinner was, tot de dag dat hij opnieuw in het huwelijk treedt;

-elk wettig of ten tijde van het ongeval wettig erkend natuurlijk kind waarvan de overleden arbeider kostwinner was:

1°. tot de dag dat dit kind de leeftijd van vijftien jaar heeft bereikt;

2°. dat de leeftijd van vijftien, doch niet van 25 jaar heeft bereikt, indien:

A. zijn tijd, behoudens geval van ziekte of vakantie, geheel of grotendeels in beslag wordt genomen door of in verband met het volgen van onderwijs of van beroepsopleiding;

B. hij ten gevolge van ziekte of gebreken buiten staat is om met arbeid die voor zijn krachten is berekend, één derde te verdienen van hetgeen lichamelijk en geestelijk gezonde kinderen van gelijke leeftijd en van soortgelijke bekwaamheid in staat zijn met arbeid te verdienen;

-de ouders, indien de overledene kostwinner was, tot de dood van de langstlevende, met dien verstande dat zij slechts dan recht hebben op uitkering, indien meerdergenoemde nagelaten betrekkingen hun volle uitkering hebben ontvangen en de maximumuitkering als bedoeld in onderdeel b, nog niet is bereikt, terwijl het recht van de moeder van de overledene in ieder geval eindigt op de dag, waarop zij opnieuw in het huwelijk treedt.

b. De uitkering aan de echtgenote of echtgenoot bedraagt per dag dertig procent, aan een kind per dag vijftien procent, doch twintig procent indien het kind ouderloos is en aan de ouder of ouders ten hoogste dertig procent van het dagloon van de overleden arbeider, met dien verstande dat de uitkeringen aan alle nagelaten betrekkingen tezamen niet meer dan zestig procent van het dagloon bedragen. Indien de echtgenote of echtgenoot en de kinderen tezamen eventueel de kinderen tezamen, recht zouden hebben op een hogere uitkering dan zestig procent van het dagloon, wordt de uitkering aan ieder evenredig verminderd.

c. De nagelaten betrekkingen hebben geen recht op uitkeringen over de zondagen, terwijl de nagelaten betrekkingen van de arbeider voor wie een 5-daagse werkweek gold, bovendien geen recht hebben op uitkeringen over de zaterdagen.

d. Een kind kan tegelijkertijd slechts op grond van één overlijden uitkering genieten.

7. a. Het ongevallengeld waartoe de arbeider gerechtigd is, kan, indien de arbeidsongeschiktheid langer dan 52 weken heeft bestaan en vermindering of verdere vermindering daarvan niet is te verwachten, worden omgezet in een uitkering ineens, bedragende het ongevallengeld per dag, vermenigvuldigd met
1872, indien het dagloon gebaseerd is op een 6-daagse werkweek, en met 1560, indien het dagloon gebaseerd is op een 5-daagse werkweek. Ingeval het arbeidsongeschiktheidspercentage lager is dan 30%, kan de omzetting al dan niet op verzoek van de arbeider plaatshebben; ingeval het arbeidsongeschiktheidspercentage 30% of hoger is, kan de omzetting slechts in buitengewone gevallen - ter beoordeling van de Bank - plaats hebben, op verzoek van de arbeider.

b. Indien de arbeider geen Nederlander is en zich vestigt of heeft gevestigd in een plaats buiten Aruba, kan het ongevallengeld waartoe hij gerechtigd is, op de in onderdeel a bedoelde wijze worden omgezet in een uitkering ineens.

c. Indien de arbeider die als gevolg van het hem overkomen ongeval is overleden, geen Nederlander was en zijn nagelaten betrekkingen zich vestigen of zijn gevestigd in een plaats buiten Aruba, kan de uitkering waarop de nagelaten betrekkingen recht hebben, worden omgezet in een uitkering ineens, bedragende voor ieder van hen het totaal van de periodieke uitkeringen waartoe hij gerechtigd is, doch over ten hoogste zes jaren.

8. De nagelaten betrekkingen van een arbeider die als gevolg van een hem overkomen ongeval is overleden, hebben als tegemoetkoming in de begrafeniskosten recht op een uitkering ineens, bedragende Afl. 1.000,-.

9. De in het zesde lid, onderdeel a, van dit artikel bedoelde echtgenote, echtgenoot of moeder van de overledene, die een huwelijk aangaat, heeft recht op een uitkering ineens, bedragende het totaal van de periodieke uitkeringen waartoe zij of hij gerechtigd is, over twee jaren.

10. Wanneer het dagloon van de arbeider voor wie een 6-daagse werkweek geldt, meer dan Afl. 175,- bedraagt en van de arbeider voor wie een 5-daagse werkweek geldt, meer dan Afl. 210,- bedraagt, komt het meerdere niet in aanmerking voor berekening van de uitkeringen.

11. Tijdens het dienstverband is de werkgever in geval van arbeidsongeschiktheid van de arbeider verplicht een uitkering, gelijk aan het ongevallengeld waarop de arbeider over de desbetreffende loontermijn tegenover de Bank recht heeft, aan de arbeider uit te betalen op de dag waarop het loon moet worden uitbetaald of zou moeten worden uitbetaald, indien de arbeider niet arbeidsongeschikt zou zijn. De werkgever die een uitkering volgens het bepaalde in de voorgaande volzin heeft uitbetaald, heeft, in plaats van de arbeider, tegenover de Bank recht op het desbetreffende ongevallengeld en op uitbetaling daarvan uiterlijk zeven dagen na schriftelijke aanvraag bij de Bank, in te dienen na

afloop van de maand waarin de uitkering werd uitbetaald. Indien de werkgever de uitkering niet tijdig uitbetaalt, keert de Bank het ongevallengeld aan de arbeider uit.

12. Voor het eerst per 1 januari 1977 en vervolgens per 1 januari van elk jaar kan bij landsbesluit, houdende algemene maatregelen, met inachtneming van het bepaalde in het veertiende lid, een toeslag worden verleend op de in artikel 5, tweede en derde lid, respectievelijk zesde lid, onderdeel a, bedoelde ongevallengelden en uitkeringen, indien deze zijn of worden toegekend terzake van een ongeval dat vóór de datum waarop de toeslag wordt verleend, heeft plaats gevonden.

13. De toeslag wordt berekend op basis van de stijging die het prijsindexcijfer van de gezinsconsumptie voor de maand augustus daaraan voorafgaande aangeeft ten opzichte van het prijsindexcijfer voor de maand augustus van het voorafgaande jaar.

§5. Vaststelling van de tegemoetkoming

Artikel 6

1. Zo spoedig mogelijk deelt de Bank, mede aan de hand van de bevindingen en voorschriften van de behandelende geneeskundige, aan de rechthebbende schriftelijk mede, welke tegemoetkoming zal worden verstrekt, en eventueel dat, en op welke gronden de Bank zich niet of niet langer tot tegemoetkoming gehouden acht. De werknemer stelt de werkgever onverwijld van deze mededeling in kennis.

2. Zodra de behandelende geneeskundige bevindt dat de arbeider in verband met de gevolgen van het ongeval:

-zich onder geneeskundige behandeling moet stellen;

-zich niet of niet langer onder geneeskundige behandeling behoeft te stellen;

-als bedlegerig patiënt behandeld moet worden;

-geheel of gedeeltelijk arbeidsongeschikt is;

-niet of niet langer geheel of gedeeltelijk arbeidsongeschikt is;

-kunstmiddelen behoeft of onderricht in het gebruik daarvan, geeft hij van deze bevindingen en zijn daaruit volgende voorschriften kennis aan de Bank.

Artikel 7

1. De arbeider heeft geen recht op tegemoetkoming of verliest dit recht:

a. indien het ongeval te wijten is aan zijn opzet of grove schuld, dan wel aan het gebruik van alcoholhoudende drank of bedwelmende middelen;

b. indien en zolang hij zich niet onder behandeling van de behandelende geneeskundige heeft gesteld;

c. indien hij zich schuldig maakt aan gedragingen waardoor zijn genezing wordt belemmerd of de mate van zijn arbeidsongeschiktheid toeneemt;

d. indien hij geen geneeskundige hulp inroept en zich niet gedurende het gehele verloop van de arbeidsongeschiktheid onder behandeling blijft stellen, of indien hij de voorschriften van de behandelend geneeskundige niet opvolgt;

e. indien hij niet op de tijden en plaatsen, door de Bank aangewezen, de controlerende geneeskundige toestaat hem te onderzoeken;

f. indien hij de aanwijzingen van de controlerende geneeskundige, ook wanneer deze afwijken van de voorschriften van de behandelende geneeskundige, niet opvolgt;

g. indien hij zonder toestemming van de Bank Aruba verlaat.

2. De nagelaten betrekkingen van de arbeider die als gevolg van een hem overkomen ongeval is overleden, hebben geen recht op tegemoetkoming, indien er sprake is van een van de gevallen als bedoeld in de onderdelen a en c van het eerste lid, evenmin als diegene van de nagelaten betrekkingen, die het de arbeider overkomen ongeval opzettelijk door zijn grove schuld of onder de invloed van

alcoholhoudende drank of bedwelmende middelen heeft veroorzaakt.

3. Indien de arbeider of diens nagelaten betrekkingen tevens rechten ontlenen aan een buitenlandse soortgelijke wettelijke regeling, worden de rechten waarop krachtens deze landsverordening aanspraak bestaat, dienovereenkomstig verminderd.

4. Indien de arbeider of diens nagelaten betrekkingen tevens recht hebben op pensioen krachtens de Landsverordening algemene ouderdomsverzekering (AB 1990 no. GT 33) of krachtens de Landsverordening algemene weduwen- en wezenverzekering, worden de uitkeringen waarop krachtens deze landsverordening aanspraak bestaat, dienovereenkomstig verminderd met ingang van het tijdstip waarop twee jaren zijn verlopen na de dag van de melding van het ongeval bij de Bank, onderscheidenlijk in geval de aanspraak op ongevallengeld bestaat op grond van dezelfde gebeurtenis als die op grond waarvan het weduwen- of wezenpensioen werd toegekend of verhoogd. In het laatste geval komt slechts het bedrag waarmee het weduwenpensioen werd verhoogd, voor vermindering in aanmerking.

§6. Premie

Artikel 8

1. De werkgever is ter zake van de kosten, aan de uitvoering van deze landsverordening verbonden, aan de Bank een premie verschuldigd. De werkgever stort de premie bij de kassa van de bank of bij een door de bank aangewezen kredietinstelling.

2. De premie wordt berekend naar een percentage van het dagloon van de arbeider. Het percentage wordt vastgesteld bij landsbesluit, houdende algemene maatregelen. Als regel wordt het percentage telkens voor een periode van twee jaren vastgesteld en wel zodanig dat het totaal van de over de eerstvolgende periode te ontvangen premies voldoende zal zijn om daaruit de te verwachten uitgaven van het ongevallenfonds, bedoeld in het zesde lid, over die periode te voldoen, alsmede om een bij landsbesluit, houdende algemene maatregelen, te bepalen reserve te vormen en in stand te houden. Wanneer het dagloon van de arbeider voor wie een 6-daagse werkweek geldt, meer dan Afl. 175,- en van de arbeider voor wie een 5-daagse werkweek geldt meer dan Afl. 210,- bedraagt, is over het meerdere geen premie verschuldigd. De in voorgaande volzin en in artikel 5, tiende lid, vermelde bedragen kunnen bij landsbesluit, houdende algemene maatregelen, worden aangepast aan de ontwikkeling van de prijsindexcijfers van de gezinsconsumptie. De aanpassing heeft plaats met ingang van de eerste dag van enig kalenderjaar op basis van de stijging die het prijsindexcijfer voor de maand augustus, daaraan voorafgaande, aangeeft ten opzichte van het prijsindexcijfer voor de maand augustus van het voorafgaande jaar.

3. De premie wordt jaarlijks geheven door middel van een voorlopige en een definitieve aanslag.

4. Bij landsbesluit, houdende algemene maatregelen, worden werkgevers, naar gelang de werkzaamheden die zij doen verrichten, ingedeeld in gevarenklassen; daarbij kan worden bepaald dat, en op welke wijze de premie, gelet op de gevarenklasse of de gevarenklasse waarin de werkgever is ingedeeld, wordt verhoogd.

5. De invordering van de premie en andere uit deze landsverordening voortvloeiende kosten geschiedt met inachtneming van de voorschriften die van toepassing zijn op de invordering van directe belastingen, met dien verstande dat:

a. de taken die in de desbetreffende landsverordeningen aan de Ontvanger zijn toebedeeld, door de Bank worden uitgevoerd, en

b. de Bank het uitvoeren van de in de desbetreffende landsverordeningen vermelde werkzaamheden kan opdragen aan eigen deurwaarders.

De vordering wegens de premie, met inbegrip van alle kosten, is bevoorrecht op alle goederen van de werkgever en gaat boven alle andere voorrechten, met uitzondering van die ter zake van de directe belastingen, die van de artikelen 287 en 288, onderdeel a, van Boek 3 van het Burgerlijk Wetboek van Aruba, alsmede het voorrecht van artikel 284 van Boek 3 van het Burgerlijk Wetboek van Aruba, voor zover de daar bedoelde kosten zijn gemaakt na de voorlopige of definitieve aanslag.

6. De premie wordt gestort in een door de Bank beheerd ongevallenfonds. Bij landsbesluit, houdende algemene maatregelen, worden voorschriften vastgesteld met betrekking tot de belegging van de gelden van het ongevallenfonds.

7. Ten laste van het ongevallenfonds komen de door de Bank verstrekte tegemoetkomingen als bedoeld in deze landsverordening, alsmede alle andere kosten, verbonden aan de uitvoering van deze landsverordening.

Artikel 9

(vervallen)

§7. Beroep

Artikel 10

1. Tegen een beslissing van de Bank, behoudens artikel 10a en artikel 14b, tweede en derde lid, is binnen drie weken na haar dagtekening schriftelijk beroep mogelijk op het college van beroep, hetwelk in enige en hoogste instantie beslist.

2. Het college van beroep bestaat uit drie door de Minister benoemde leden, te weten een lid-voorzitter die de hoedanigheid van meester in de rechten of de graad Bachelor op het gebied van het recht en tevens de graad Master op het gebied van het recht bezit, één lid te benoemen uit werkgeverskringen, zo mogelijk in overleg met organisaties van werkgevers, en één lid te benoemen uit werknemerskringen, zo mogelijk in overleg met organisaties van werknemers. De Minister voegt aan dit college een secretaris toe.

3. Bij landsbesluit, houdende algemene maatregelen, worden nadere regelen vastgesteld, die voor een goede gang van zaken bij beroep nodig zijn. Daarbij zal tevens de plaatsvervanging van de leden worden geregeld, alsmede de vergoeding van de leden, de plaatsvervangende leden en de secretaris.

Artikel 10a

1. Ten aanzien van een beslissing van de bank inzake dwanginvordering is rechtsingang mogelijk bij het gerecht in eerste aanleg.

2. De tenuitvoerlegging van een dwangschrift wordt slechts geschorst door een met redenen omkleed verzet.

3. Het verzet wordt betekend aan de bank; op straffe van nietigheid bevat het verzet keuze van domicilie in Aruba en wordt het binnen een maand na deze betekening het geding tegen de bank aanhangig gemaakt bij het gerecht in eerste aanleg.

4. Verzet is niet gegrond op het niet-ontvangen van een aanslagbiljet, kennisgeving van te betalen premie of aanmaning en is nimmer gericht tegen de wettigheid of de hoegrootheid van het gevorderde bedrag, noch gegrond op de bewering dat aanspraak zou bestaan op ontheffing of vermindering.

5. Indien het verzet wordt afgewezen, staat geen hoger beroep open dan na bewijs dat de premie en de kosten zijn geconsigneerd in handen van de bank.

§8. Vorderingen en aansprakelijkheid

Artikel 11

1. De aanspraken krachtens deze landsverordening vervallen, indien het ongeval niet binnen een jaar na de dag waarop het de arbeider is overkomen, bij de Bank hetzij bij de eigen risicodrager is gemeld.

2. De termijnen van de uitkeringen in geld, die niet zijn ingevorderd binnen twee jaar na de eerste dag waarop zij konden worden ingevorderd, worden niet meer uitbetaald.

3. Ieder beding dat de aansprakelijkheid van de werkgever ingevolge de bepalingen van deze landsverordening uitsluit of vermindert, is nietig.

4. Het is de werkgever verboden de voor hem uit de bepalingen van deze landsverordening voortvloeiende kosten geheel of gedeeltelijk te verhalen op het loon van de arbeider.

5. De arbeider aan wie een ongeval is overkomen, doch die deswege niet arbeidsongeschikt is geworden, behoudt, indien hij ten behoeve van geneeskundige onderzoek of behandeling, noodzakelijk het verrichten van zijn arbeid onderbreekt, gedurende die tijd tegenover zijn werkgever recht op loon.

6. De arbeider die de tegemoetkoming in ontvangst neemt, wordt daardoor niet geacht van het recht op het hem eventueel meer toekomende afstand te hebben gedaan.

7. Indien de arbeider of diens nagelaten betrekkingen in verband met het ongeval op grond waarvan een tegemoetkoming als bedoeld in deze landsverordening is toegekend, tegen de werkgever een rechtsvordering tot schadevergoeding heeft naar burgerlijk recht, wordt die vordering op grond van deze landsverordening niet verloren, doch de rechter houdt bij de vaststelling van de schadevergoeding rekening met hetgeen krachtens deze landsverordening aan de arbeider of diens nagelaten betrekkingen is toegekend.

8. Hij die gehouden is tot vergoeding van de schade, door de arbeider of diens nagelaten betrekkingen geleden als gevolg van een ongeval, is voor de tegemoetkoming aan de arbeider of diens nagelaten betrekkingen, toegekend krachtens deze landsverordening, aansprakelijk jegens degene te wiens laste die tegemoetkoming komt. Van degene die als vorenbedoeld, aansprakelijk is voor een periodieke uitkering krachtens deze landsverordening, kan door degene te wiens laste die uitkering komt, een daarmee overeenkomende uitkering ineens worden gevorderd.

9. Hoofdelijk aansprakelijk voor de verschuldigde premie en de administratieve boete is:

a. voor een niet in Aruba wonende of gevestigde werkgever: de leider van zijn vaste inrichting in Aruba, zijn in Aruba wonende of gevestigde vaste vertegenwoordiger, dan wel degene die de leiding heeft van de hier te lande verrichte werkzaamheden;

b. voor een in Aruba gevestigde rechtspersoon: iedere bestuurder;

c. voor een geen rechtspersoonlijkheid bezittende vennootschap of vereniging: iedere bestuurder;

d. voor twee of meer werkgevers: iedere werkgever.

10. De aansprakelijkheid, volgende uit de bepalingen van deze landsverordening, van de niet hier te lande gevestigde werkgever wordt gedragen door zijn hier te lande gevestigde vertegenwoordiger.

§9. Uitvoering en toezicht

Artikel 12

1. De Bank is belast met de uitvoering van deze landsverordening.

2. Een ieder is verplicht ten behoeve van de uitvoering alle door de Bank verlangde inlichtingen te verstrekken, desverlangd schriftelijk en binnen een door de Bank te stellen termijn.

Artikel 13

Ter uitvoering van deze landsverordening kunnen nadere regelen worden gesteld bij landsbesluit, houdende algemene maatregelen.

Artikel 13a

1. Met het toezicht op de naleving van het bij of krachtens deze landsverordening bepaalde zijn belast de daartoe bij landsbesluit aangewezen ambtenaren. Een zodanig landsbesluit wordt bekendgemaakt in de Landscourant van Aruba.

2. De krachtens het eerste lid aangewezen ambtenaren zijn, uitsluitend voor zover dat voor de vervulling van hun toezichthoudende taak redelijkerwijze noodzakelijk is, bevoegd:

a. alle inlichtingen te vragen;

b. inzage te verlangen van alle zakelijke boeken, bescheiden en andere informatiedragers en daarvan afschrift te nemen of deze daartoe tijdelijk mee te nemen;

c. goederen aan opneming en onderzoek te onderwerpen en deze daartoe tijdelijk mee te nemen;

d. alle plaatsen, met uitzondering van woningen zonder de uitdrukkelijke toestemming van de bewoner, te betreden, vergezeld van door hen aangewezen personen.

3. Zo nodig, wordt de toegang tot een plaats als bedoeld in het tweede lid, onderdeel d, verschaft met behulp van de sterke arm.

4. Bij landsbesluit, houdende algemene maatregelen, worden regels gesteld met betrekking tot de wijze van taakuitoefening van de krachtens het eerste lid aangewezen ambtenaren.

5. Een ieder is verplicht aan de krachtens het eerste lid aangewezen ambtenaren alle medewerking te verlenen, die in het kader van de toezichtsuitoefening op grond van het tweede lid wordt gevorderd.

Artikel 14

Alle ingevolge deze landsverordening opgemaakte of overgelegde stukken, verzoekschriften en beschikkingen zijn vrij van het recht van zegel en van de formaliteit van registratie.

§ 10. Adminstratieve boete

Artikel 14a

1. Indien de verschuldigde premie geheel of gedeeltelijk niet binnen de voorgeschreven termijn door de werkgever is betaald, kan de niet of te weinig betaalde premie door middel van het opleggen van een aanslag of navorderingen, op te leggen ten name van de werkgever, nageheven worden, zolang niet sedert het einde van het kalenderjaar waarin de premieschuld is ontstaan, vijf jaren zijn verstreken.

2. Ten aanzien van eenzelfde tijdvak kunnen meerdere aanslagen of navorderingen worden opgelegd.

Artikel 14b

1. Indien de werkgever onjuiste of onvolledige gegevens aan de bank verstrekt, dan wel niet binnen de voorgeschreven termijn de premie betaalt, kan het bedrag van de niet-afgedragen premie bij wijze van administratieve boete worden verhoogd met ten hoogste honderd procent, doch met ten minste honderd florin.

2. De verhoging, bedoeld in het eerste lid, blijft geheel of gedeeltelijk buiten toepassing, indien degene die in gebreke is gebleven, na verloop van de voorgeschreven termijn, doch vóór het opleggen van de administratieve boete eigener beweging schriftelijk erkend heeft, dat door hem ten onrechte geen of te weinig premie is betaald, mits hij

schriftelijk het door de bank naar aanleiding daarvan opgestelde betalingsregeling aanvaardt en zich daaraan stipt houdt.

3. Richtlijnen ter uitwerking van het eerste en tweede lid worden ter goedkeuring aan de Raad van Toezicht en Advies voorgelegd.

Artikel 14c

De werkgever voert zijn loonadministratie op een zodanige wijze dat daaruit duidelijk blijkt aan de hand waarvan, en de wijze waarop de premie berekend en betaald wordt.

§ 11. Straf- en slotbepalingen

Artikel 15

1. Hij die opzettelijk door giften, beloften, misbruik van gezag, geweld, bedreiging of misleiding een arbeider beweegt om geen gebruik te maken van een hem volgens deze landsverordening toekomend recht, wordt gestraft met gevangenisstraf van ten hoogte een jaar of geldboete van ten hoogste vijfentwintigduizend florin.

2. Hij die opzettelijk een valse verklaring aan de bank aflegt, wordt gestraft met gevangenisstraf van ten hoogste een jaar of geldboete van ten hoogste vijfentwintigduizend florin.

3. Overtreding van artikel 11, derde lid, alsmede het niet of niet tijdig nakomen van een der verplichtingen gesteld bij of krachtens de artikelen, 5, elfde lid, eerste volzin, 6, eerste lid, tweede volzin, 13 en 13a, vijfde lid, wordt gestraft met hechtenis van ten hoogste een maand of geldboete van ten hoogste tweeduizendvijfhonderd florin.

4. De in het eerste en tweede lid strafbaar gestelde feiten zijn misdrijven; de in het derde lid strafbaar gestelde feiten zijn overtredingen.

Artikel 15a

1. Met de opsporing van de bij of krachtens deze landsverordening strafbaar gestelde feiten zijn, naast de in artikel 184 van het Wetboek van Strafvordering van Aruba bedoelde personen, belast de daartoe bij landsbesluit aangewezen ambtenaren. Een zodanig landsbesluit wordt bekendgemaakt in de Landscourant van Aruba.

2. Bij landsbesluit, houdende algemene maatregelen, kunnen regels worden gesteld omtrent de vereisten waaraan de krachtens het eerste lid aangewezen ambtenaren dienen te voldoen.

Artikel 15b

Aan deze landsverordening kunnen geen rechten worden ontleend, tenzij de arbeider zich bij de bank als verzekerde heeft ingeschreven.

Artikel 16

Deze landsverordening kan worden aangehaald als Landsverordening ongevallenverzekering.

Landsverordening algemeen pensioen

Vindplaats:

AB 2011 no. 85

IN NAAM DER KONINGIN!

DE GOUVERNEUR van Aruba,

In overweging genomen hebbende:

- dat vertegenwoordigers van de regering, werkgevers-, en werknemersorganisaties in het kader van de 'Sociale Dialoog' op 27 augustus 2010 een protocol hebben getekend;

- dat daarbij is onderkend dat twee-derde van de op een arbeidsovereenkomst werkende ingezetenen bij het bereiken van de pensioengerechtigde leeftijd alleen op de basispensioenuitkering van de algemene ouderdomsverzekering kan rekenen;

- dat de regering van Aruba de Landsverordening algemene ouderdomsverzekering met ingang van 1 januari 2011 heeft gewijzigd, vooruitlopend op het ontwikkelen van een lange termijnvisie terzake de instandhouding van de daarin geregelde voorziening, mede gelet op de toenemende vergrijzing van de Arubaanse bevolking;

- dat de regering met het oog daarop - met inachtneming van de afspraken, neergelegd in het protocol van 8 september 2011- een verplichte pensioenregeling voor in loondienst werkende ingezetenen wenst in te voeren, die er voor zal zorgen dat ingezetenen na de beëindiging van hun werkzaamheid als gevolg van het bereiken van de pensioengerechtigde leeftijd van een inkomen zullen kunnen genieten, dat, tesamen met de basispensioenuitkering, meer in overeenstemming is met het door hen gedurende hun arbeidzaam leven genoten loon;

Heeft, de Raad van Advies gehoord, met gemeen overleg der Staten, vastgesteld onderstaande landsverordening:

§1. Definities

Artikel 1

1. In deze landsverordening en de daarop berustende bepalingen wordt verstaan onder:

Minister:	de minister, belast met financiën;
werknemer:	degene die: a. de leeftijd van 18 jaar maar nog niet de pensioenleeftijd heeft bereikt, en b. wiens persoonslijst in het bevolkingsregister wordt bijgehouden, en c. een arbeidsovereenkomst heeft gesloten met een in Aruba ingezeten respectievelijk gevestigde natuurlijke of rechtspersoon, en d. de proeftijd heeft doorlopen;
werkgever	de in Aruba ingezeten respectievelijk gevestigde natuurlijke of rechtspersoon, die een werknemer in dienst heeft;

instelling	een levensverzekeringsbedrijf waaraan een vergunning is verleend als bedoeld in artikel 5 van de Landsverordening toezicht verzekeringsbedrijf (AB 2000 no. 82);
lijfrente	een uitkering als bedoeld in artikel 11, tweede lid;
pensioenleeftijd	de leeftijd van 60 jaar;
deelgenoot	degene die met een instelling een verzekeringsovereenkomst heeft gesloten en tevens begunstigde van die overeenkomst is;
ondernemingspen-sioenfonds	een fonds als bedoeld in de Landsverordening onder-nemingspensioenfondsen (AB 1998 no. GT 17);
deelnemer	degene die als zodanig is omschreven in artikel 1 van de Landsverordening ondernemingspensioenfondsen;

pensioengevend loon	het loon dat in de premieovereenkomst dan wel in de reglement van het ondernemingspensioenfonds als basis voor de pensioenopbouw is vastgesteld, doch dat minimaal gelijk is aan 12 maal het vaste bruto loon per maand, dan wel, indien de werknemer op maandelijkse basis variabel loon ontvangt, minimaal 12 maal het vaste bruto loon per maand vermeerderd met ten minste de helft van het gemiddelde variabele loon genoten in de voorafgaande 3 jaren;
premie	a. het door een deelgenoot verschuldigde bedrag ten behoeve van de opbouw van een pensioenkapitaal;
	b. de voor de deelnemer verschuldigde bijdrage aan de opbouw van een pensioenaanspraak;
pensioenkapitaal	het kapitaal dat beschikbaar komt bij het bereiken van de pensioenleeftijd en aangewend wordt voor de aankoop van een lijfrente;

administratiekosten — het ten laste van de premie te brengen bedrag van alle eenmalige en doorlopende kosten die een instelling of een ondernemingspensioenfonds heeft gedurende de looptijd van een verzekeringsovereenkomst respectievelijk de opbouw van een pensioenaanspraak;

partner — a. de echtgenoot of echtgenote van een deelgenoot of deelnemer;

b. de ongehuwde persoon die met een (gewezen) deelgenoot respectievelijk deelnemer, een duurzaam gemeenschappelijk huishouden voert, hetwelke aangetoond wordt door:

1°. een notarieel samenlevingscontract dat rechtsgeldig is, en dat ten minste een jaar eerder is ingegaan, en

2°. het in de bevolkingsadministratie op hetzelfde adres ingeschreven staan van de ongehuwde persoon als een deelgenoot of deelnemer, en

3°. het als zodanig ingeschreven staan van de deelgenoot of deelnemer en de ongehuwde persoon bij de instelling waarmee de betrokkene een verzekeringsovereenkomst als bedoeld in artikel 2, tweede lid, heeft, of het ondernemingspensioenfonds waarin de betrokkene deelnemer is.

2. Bij landsbesluit, houdende algemene maatregelen, kunnen andere bedrijven als instelling in de zin van deze landsverordening worden aangemerkt, indien het gebrek aan concurrentie tussen de in het eerste lid bedoelde instellingen zulks wenselijk maakt.

§2. Algemene bepalingen

Artikel 2

1. In het kader van de uitvoering van deze landsverordening is de onderneming van een werkgever verbonden aan een ondernemingspensioenfonds ofwel de werkgever heeft met een instelling een premieovereenkomst gesloten, houdende bepalingen met betrekking tot de verzekeringsovereenkomst van zijn werknemers.

2. In het kader van de uitvoering van deze landsverordening wordt tussen een werknemer die geen deelnemer is, en een instelling een verzekeringsovereenkomst afgesloten, die omvat een levensverzekeringovereenkomst ten behoeve van de opbouw van kapitaal voor de aankoop van een lijfrente. De werknemer kan daarbij het nabestaandenrisico en het invaliditeitsrisico verzekeren.

3. Een levensverzekeringsovereenkomst als bedoeld in het tweede lid, verzekert in ieder geval het kapitaal dat het totaal is van de premies, met de daarop verkregen rente.

Artikel 3

1. Iedere werkgever wiens onderneming niet is verbonden aan een ondernemingpensioenfonds, heeft met een instelling een premieovereenkomst met een looptijd van 5 jaren.

2. Een premieovereenkomst regelt ten minste de navolgende onderwerpen:

- het pensioengevend loon;
- een premiepercentage;
- de administratiekosten;
- de wijze waarop de toerekening van die administratiekosten aan de werkgever en de deelgenoten geschiedt, en
- de standaardvoorwaarden van de verzekeringsovereenkomst van de deelgenoten, met inbegrip van een duidelijk opgave van het rendement dat door de deelgenoten verkregen wordt tijdens de opbouw van het pensioenkapitaal.

3. Een premieovereenkomst doet geen afbreuk aan het recht van de werknemer om een eerder door hem gesloten verzekeringsovereenkomst in de zin van deze landsverordening, al dan niet premievrij, aan te houden.

4. De premieovereenkomst ligt voor iedere werknemer ten huize of ten kantore van de werkgever ter inzage.

5. Het opnemen in de premieovereenkomst van omvangkortingen op de administratiekosten van de verzekeringsovereenkomsten is toegestaan, indien de korting uitsluitend verband houdt met het aantal werknemers dat een verzekeringsovereenkomst heeft met de instelling waarmee de werkgever een premieovereenkomst heeft afgesloten. De korting bedraagt evenwel nooit meer dan 75% van de administratiekosten voor iedere verzekeringsovereenkomst afzonderlijk.

6. De werkgever die na de beëindiging van de looptijd van zijn premieovereenkomst, een premieovereenkomst met een andere instelling wenst te sluiten of een ondernemingspensioenfonds wenst op te richten, dan wel zich bij een bestaand ondernemingspensioenfonds wenst aan te sluiten, doet zulks uitsluitend nadat hem is gebleken dat ten minste twee derde van zijn werknemers daarmee instemt.

7. De werknemers hebben het recht om voor het tijdstip waarop een premieovereenkomst afloopt, aan hun werkgever voor te stellen een premieovereenkomst bij een andere instelling af te sluiten of een ondernemingspensioenfonds op te richten of zich bij een bestaand ondernemingspensioenfonds aan te sluiten, indien een derde van hen zulks ondersteunt. Indien de werkgever het voorstel verwerpt, doet hij zulks bij schriftelijke en gemotiveerde, aan de werknemers bekend te maken, beslissing.

Artikel 4

1. Iedere werknemer heeft een verzekeringsovereenkomst met de instelling waarmee de werkgever een premieovereenkomst heeft afgesloten, tenzij hij een deelnemer is.

2. Een verzekeringsovereenkomst verzekert het pensioen, tegen betaling van een premie, op grond waarvan bij het bereiken van de pensioenleeftijd het recht op een lijfrente-uitkering ontstaat.

3. Degene die:

a. op het tijdstip van indiensttreding bij een werkgever nog geen verzekeringsovereenkomst heeft afgesloten, dan wel

b. gedurende de looptijd van een arbeidsovereenkomst werknemer in de zin van deze landsverordening wordt,

sluit een verzekeringsovereenkomst uiterlijk drie maanden na dat tijdstip, onderscheidenlijk na het bereiken van die status.

4. Indien de werknemer niet voldoet aan een voorschrift als bedoeld in het derde lid, sluit de werkgever ten behoeve van de betrokken werknemer een verzekeringsovereenkomst af bij de instelling waarmee hij een premieovereenkomst heeft afgesloten.

Artikel 5

1. De premie van een deelgenoot respectievelijk een deelnemer bedraagt ten minste 6,0% van diens jaarlijks pensioengevend loon.

2. Onverminderd het eerste lid, kan, indien de premie ten minste 10,0% bedraagt, het jaarlijkse pensioengevend loon met Afl. 12.336,- worden verminderd.

3. Ten aanzien van een deelgenoot respectievelijk een deelnemer bedraagt de premie een zodanig bedrag, dat een jaarlijkse pensioentoezegging van ten minste 1,0% van diens pensioengevend loon, verminderd met Afl. 17.616,- kan worden gedaan.

4. Bij landsbesluit, houdende algemene maatregelen, kunnen de bedragen, vermeld in het tweede en derde lid, worden aangepast aan de in andere regelgeving te dien aanzien aangebrachte wijzigingen.

Artikel 6

1. Het pensioenkapitaal of de reservewaarde van een pensioenaanspraak is tot het bereiken van de pensioenleeftijd van de deelgenoot of de deelnemer niet vatbaar voor afkoop, overdracht, vervreemding, verpanding, beslag of belening aan derde, noch kan het worden betrokken in het faillissement van de deelgenoot of deelnemer.

2. Het pensioenkapitaal of de reservewaarde van een pensioenaanspraak wordt tot het bereiken van de pensioenleeftijd niet in aanmerking genomen bij de beoordeling van een door een deelgenoot of deelnemer overeenkomstig de voorschriften bij of krachtens de Landsverordening maatschappelijke zorg (AB 1989 no. GT 27) ingediend verzoek tot toekenning van bijstand.

§3. De rechten van de deelgenoot respectievelijk de deelnemer

Artikel 7

1. Een werknemer die van werkgever verandert, heeft het recht zijn op grond van de vorige arbeidsovereenkomst geldende verzekeringsovereenkomst op te zeggen. Indien de werknemer in dienst treedt bij een werkgever die met een andere instelling een premieovereenkomst heeft gesloten, sluit deze werknemer een nieuwe verzekeringsovereenkomst bij die instelling. Alsdan kan hij de instelling waar hij reeds een verzekeringsovereenkomst heeft lopen, opdragen de reservewaarde van het pensioenkapitaal over te dragen aan de instelling waarmee hij de nieuwe verzekeringsoverkomst heeft gesloten. De overdracht geschiedt na de opzegging en acceptatie door de ontvangende instelling, waarna het bedrag binnen vier weken wordt overgemaakt naar de andere instelling. De eerste, derde en vierde volzin zijn van toepassing, indien de werknemer die van werkgever verandert, bij een werkgever in dienst treedt, die zijn onderneming aan een ondernemingspensioenfonds heeft verbonden.

2. Op de werknemer die deelnemer is in een ondernemingspensioenfonds waaraan ten behoeve van hem ten hoogste tien jaar premies zijn voldaan, is het eerste lid van overeenkomstige toepassing, met dien verstande dat de reservewaarde ten minste gelijk is aan het totaal van de premies met de daarop verkregen rente, uitgezonderd de risicopremies. De werknemer ten behoeve van wie ten minste tien jaren premies aan een ondernemingspensioenfonds zijn voldaan, heeft tot het

bereiken van de pensioenleeftijd recht op een premievrije pensioenaanspraak, tenzij hij weer deelnemer wordt in dat ondernemingspensioenfonds. De eerste en tweede volzin is van overeenkomstige toepassing, indien de werknemer in dienst treedt bij een werkgever, wiens onderneming aan een ander ondernemingpensioenfonds is verbonden.

3. Voor de berekening van de in het eerste of tweede lid bedoelde reservewaarde mogen door de instelling of het ondernemingspensioenfonds maximaal een bedrag van Afl. 250,- aan kosten in rekening worden gebracht. Bij landsbesluit, houdende algemene maatregelen, kan het bedrag, bedoeld in de eerste volzin, worden aangepast.

4. De deelgenoot die niet aansluitend aan de beëindiging van een vorig dienstverband, in dienst treedt bij een andere werkgever, heeft het recht de premiebetaling van een lopende verzekeringsovereenkomst gedurende een periode van maximaal drie maanden op te schorten, alvorens tot premievrijmaking wordt overgegaan.

Artikel 8

1. Een deelgenoot heeft het recht een hogere premie te storten of te doen storten dan het bedrag van de in de voor hem geldende verzekeringsovereenkomst vermelde premie.

2. Een deelgenoot respectievelijk een deelnemer heeft het recht bij een tekort in de voorafgaande vijf jaren op de totale premie, bedoeld in artikel 5, eerste respectievelijk tweede lid, een aanvullende premie bij zijn instelling of ondernemingspensioenfonds te storten of te doen storten.

3. Een deelnemer respectievelijk een deelnemer heeft het recht bij een tekort in de voorafgaande vijf jaren aan opbouw van pensioenaanspraken, bedoeld in artikel 5, derde lid, een aanvullende premie in het ondernemingspensioenfonds te storten of te doen storten of een aanvullende pensioenkoopsom voor de aankoop van een lijfrente ingevolge een verzekeringsovereenkomst als bedoeld in artikel 2, tweede lid, te storten of te doen storten.

4. De bijstortingen, bedoeld in het eerste, tweede en derde lid, zijn beperkt tot het in artikel 9, zesde lid, van de Landsverordening inkomstenbelasting vermelde maximale bedrag.

§4. De premie

Artikel 9

1. De door een werknemer verschuldigde premie komt tot het bereiken van de pensioenleeftijd van de werknemer deels ten laste van de werknemer en deels ten laste van diens werkgever.

2. De in artikel 5, eerste, tweede en derde lid, vermelde minimale premies komen tot uiterlijk het bereiken van de pensioenleeftijd van de werknemer voor ten minste de helft voor rekening van de werkgever, met dien verstande dat de verdeling van de premie voor alle werknemers gelijk is.

Artikel 10

1. Maandelijks houdt de werkgever het voor rekening van de werknemer komende deel van de verschuldigde premie in op diens loon en draagt dit tezamen met het voor zijn rekening komende gedeelte van de premie af aan de instelling waarmee de werkgever een premieovereenkomst heeft, of aan het ondernemingspensioenfonds waaraan zijn onderneming verbonden is.

2. Van de in het eerste lid genoemde vereiste van de maandelijkse afdracht kan worden afgeweken, indien de premie wordt vooruitbetaald.

§5. Het pensioen

Artikel 11

1. Een deelgenoot gebruikt het pensioenkapitaal na het bereiken van de pensioenleeftijd, geheel of gedeeltelijk, voor de aankoop van een lijfrente bij dezelfde of een andere instelling.

2. De lijfrente heeft de vorm van een levenslange maandelijkse uitkering aan:

a. de deelgenoot, of

b. de deelgenoot en diens partner.

3. Een deelgenoot die een partner bij de instelling heeft aangemeld, koopt een lijfrente als bedoeld in het tweede lid, onderdeel b. Indien de deelgenoot een partner heeft, die zelf deelgenoot of deelnemer is, kan de deelgenoot een lijfrente als bedoeld het tweede lid, onderdeel a, kopen, indien zijn of haar partner bij de instelling van de deelgenoot een verklaring, inhoudende zijn of haar toestemming met deze beslissing heeft overgelegd.

4. Bij keuze voor een lijfrente als bedoeld in het tweede lid, onderdeel b, ontvangt de langstlevende partner, bij overlijden van de deelgenoot of zijn of haar partner een bedrag van ten minste 70% van de tevoren door hen beiden genoten dan wel verwachte uitkering.

5. De aankoop van een lijfrente geschiedt tegen hetzij een vaste rente hetzij een variabele rente met een jaarlijkse stijging van ten hoogste 2%.

6. In afwijking van het eerste lid heeft een deelgenoot na het bereiken van de pensioenleeftijd en tot ten hoogste tien jaar na de datum van het bereiken daarvan, jaarlijks eenmaal het recht om het ontstaan van het recht op de aankoop van een lijfrente geheel of gedeeltelijk met een jaar uit te stellen; alsdan wordt het pensioenkapitaal actuarieel herrekend op basis van de nieuwe ingangsdatum. Indien de deelgenoot zijn pensioenkapitaal gedeeltelijk aanwendt, blijft de verzekeringsovereenkomst in stand met betrekking tot het resterende kapitaal.

Artikel 12

1. Het pensioenreglement van een ondernemingspensioenfonds bepaalt dat het recht op een pensioenuitkering ontstaat bij het bereiken van de pensioenleeftijd.

2. Onverminderd het eerste lid, bepaalt het pensioenreglement van een ondernemingspensioenfonds dat deelnemers, na het bereiken van de pensioenleeftijd en tot ten hoogste tien jaar na de datum van het bereiken daarvan, jaarlijks eenmaal het recht hebben om de uitkering van het pensioen met een jaar uit te stellen en wordt de pensioenaanspraak actuarieel herrekend op basis van de nieuwe ingangsdatum.

§7. De verplichtingen van de instelling

Artikel 13

1. De instelling vermeldt in de opgave, advertenties of een voorbeeld van een door haar aangeboden premieovereenkomst, alsmede in de premieovereenkomst zelf de premieopbouw, die bestaat uit de onderdelen van de premie, de administratiekosten en, indien voor de dekking van die risico's is gekozen, de premies voor invaliditeit en overlijden.

2. Een instelling en een aan een instelling verbonden tussenpersoon adverteren niet met vergelijkingen tussen de door de instelling aangeboden premie- of verzekeringsovereenkomsten en die van andere instellingen, noch maken zij in onderhandelingen met een werkgever of een werknemer een vergelijking tussen de door die instelling en andere instellingen aangeboden premie- of verzekeringsovereenkomsten.

3. Een instelling en een aan een instelling verbonden tussenpersoon, maken geen andere prognoses van het pensioenkapitaal met bijbehorende lijfrenten dan de gegarandeerde pensioenkapitalen, tenzij de prognose met betrekking tot de winstdeling of over rente als basis heeft de rente die de Centrale Bank van Aruba aan instellingen voorschrijft.

4. Een instelling en een aan een instelling verbonden tussenpersoon bieden geen combinaties aan van een premie- of verzekeringsovereenkomst met andere door die instelling te leveren financiële producten of diensten, noch legt een instelling de werkgever en diens werknemers een verplichting op tot aanschaf van andere financiële producten of diensten van de instelling.

5. Een instelling maakt geen prijsafspraken met andere instellingen ten aanzien van de door hen aan te bieden premie- of verzekeringsovereenkomsten of de in het eerste lid genoemde onderdelen daarvan.

Artikel 14

De instelling zendt jaarlijks in de maand juli aan de deelgenoot:

a. een opgave van het door de deelgenoot opgebouwde pensioenkapitaal, en

b. een verklaring, inhoudende dat de met hem gesloten verzekeringsovereenkomst en de in dat kader gedane stortingen voldoen aan de voorschriften van de artikelen 4, tweede lid, 5, 7 en 8, eerste lid, van deze landsverordening en aan de voorschriften ter zake van de toepassing van de Landsverordening inkomstenbelasting.

Artikel 15

De instelling stelt een deelgenoot schriftelijk op de hoogte van het feit dat er een premiebetalingsachterstand van 3 maanden is opgetreden. De mededeling wordt gedaan binnen dertig dagen nadat deze premiebetalingsachterstand is opgetreden.

Artikel 16

Een instelling voldoet aan de verplichtingen, voortvloeiend uit artikel 15a van Boek 3 van het Burgerlijk Wetboek van Aruba.

Artikel 17

1. De instelling zendt een half jaar, voordat de deelgenoot de pensioenleeftijd bereikt en uiterlijk negen jaren daarna, een opgave van het pensioenkapitaal, een schrijven van de instelling, houdende mededeling dat hij dat pensioenkapitaal vóór die datum geheel of gedeeltelijk kan omzetten in een lijfrente.

2. Indien een deelgenoot gedurende negen jaar zijn pensioenkapitaal nog niet of niet volledig heeft gebruikt voor de aanschaf van een lijfrente, zendt de instelling hem een half jaar voor het verstrijken van het tiende jaar na het bereiken van de pensioenleeftijd, de mededeling dat de deelgenoot het pensioenkapitaal vóór die datum geheel moet omzetten in een lijfrente.

3. Indien de deelgenoot niet aan het tweede lid voldoet, gaat de instelling over tot omzetting van het kapitaal in een aan de desbetreffende deelgenoot toe te kennen lijfrente als bedoeld in artikel 11, tweede lid, onderdeel b, tenzij de deelgenoot geen partner bij de instelling heeft aangemeld, in welk geval voor de deelgenoot een lijfrente als bedoeld in artikel 11, tweede lid, onderdeel a, wordt aangekocht. In beide gevallen geschiedt de aankoop met toepassing van de in artikel 11, vijfde lid, bedoelde vaste rente.

Artikel 18

Op verzoek van de deelgenoot behandelt de instelling een van een andere instelling of pensioenfonds overgedragen bedrag vanwege wisseling van werkgever als een bijdrage over verstreken dienstjaren en zet deze om in een verhoging van het pensioenkapitaal. Artikel 7, derde lid, is van overeenkomstige toepassing.

Artikel 19

1. Een instelling kan een premieovereenkomst als bedoeld in artikel 2, eerste lid, of een verzekeringsovereenkomst als bedoeld in artikel 2, tweede lid, slechts opzeggen of doen ontbinden, indien in redelijkheid niet van haar gevergd kan worden om de premieovereenkomst respectievelijk de verzekeringsovereenkomst in stand te laten.

2. Een instelling zegt niet op de verzekeringsovereenkomst van een deelgenoot die geen werknemer meer is.

§ 8. Het directiepensioenlichaam

Artikel 20

Deze landsverordening is niet van toepassing op de werknemer die voor zichzelf pensioen opbouwt in een directiepensioenlichaam als bedoeld in artikel 15a van de Landsverordening inkomstenbelasting (AB 1991 no. GT 51), met uitzondering van de artikelen 5, 8 tot en met 12, 21, eerste en tweede lid, en 23, die van overeenkomstige toepassing zijn, en artikel 26 dat van toepassing is.

§9. Bijzondere bepalingen

Artikel 21

1. Indien een deelgenoot van echt of van tafel en bed scheidt, dan wel diens duurzame gemeenschappelijke huishouding is beëindigd, vóórdat het kapitaal omgezet is in een lijfrente, verkrijgt diens gewezen partner aanspraak op de helft van de tussen het tijdstip van huwelijksluiting dan wel het tijdstip van het ontstaan van de duurzame gemeenschappelijke huishouding en het tijdstip van scheiding respectievelijk het tijdstip van beëindiging van de duurzame gemeenschappelijke huishouding opgebouwde kapitaal.

2. Het eerste lid is niet van toepassing, indien de gewezen partners bij notarieel verleden akte anders overeengekomen zijn of de rechter bij het vonnis tot scheiding op hun gemeenschappelijk verzoek anders heeft beslist.

3. De instelling waarmee een deelgenoot als bedoeld in het eerste lid, een verzekeringsovereenkomst heeft, maakt het ingevolge het eerste lid aan de gewezen partner toekomende kapitaal over naar de instelling waarmee de gewezen partner een verzekeringsovereenkomst heeft gesloten, tenzij die gewezen partner aantoont al te beschikken over een verzekeringsovereenkomst, in welk geval het bedrag door de instelling wordt overgemaakt naar de instelling waarmee die verzekeringsovereenkomst is afgesloten. Artikel 7, derde lid, is van overeenkomstige toepassing.

Artikel 22

1. Indien een deelnemer van echt of van tafel en bed scheidt, dan wel diens duurzame gemeenschappelijke huishouding is beëindigd, voordat de pensioenaanspraak gerealiseerd wordt, verkrijgt diens gewezen partner een premievrije aanspraak op de helft van de pensioenaanspraak die tussen het tijdstip van huwelijksluiting dan wel het tijdstip van het ontstaan van de duurzame gemeenschappelijke huishouding en het tijdstip van scheiding respectievelijk het tijdstip van beëindiging van de duurzame gemeenschappelijke huishouding. Het ondernemingspensioenfonds geeft op verzoek een verklaring van het bestaan van deze aanspraak. Artikel 21, tweede lid, is van toepassing.

2. Indien de deelnemer en zijn of haar gewezen partner een afwijkende dekking van het pensioenrisico overeenkomen, dan leggen ze een verklaring over, van het ondernemingspensioenfonds, inhoudende dat het fonds bereid is het overeengekomen pensioenrisico te dekken.

Artikel 23

Een aanspraak op partnerpensioen kan niet zonder de toestemming van de betrokken partner bij overeenkomst tussen de deelgenoot en de instelling of de deelnemer en het ondernemingspensioenfonds of de deelgenoot respectievelijk de deelnemer en de werkgever worden verminderd. Elk beding, strijdig met de vorige volzin, is nietig.

Artikel 24

1. Degene die deelgenoot is geweest, maar van wie de bijhouding van diens persoonslijst in de bevolkingsadministratie is opgeschort, omdat hij uit Aruba vertrokken is, heeft na drie jaren vanaf de datum van diens vertrek het recht op afkoop van zijn verzekeringsovereenkomst.

2. De instelling die een verzoek heeft ontvangen als bedoeld in het eerste lid, verifieert bij de houder van de bevolkingsadministratie of de bijhouding van diens persoonslijst is opgeschort en bij de Belastingdienst, of de betrokkene belasting- of volksverzekeringspremieschulden heeft. Indien er schulden zijn, worden deze door de instelling op het over te dragen bedrag ingehouden en afgedragen aan het Land.

3. Behoudens toepassing van het tweede lid verricht de instelling de uitbetaling van de waarde binnen zes weken na het verzoek en wordt gestort op een door de betrokkene aan te geven rekening, onder aftrek van kosten. Artikel 7, derde lid, is van overeenkomstige toepassing.

4. De deelnemer die in gelijke positie verkeert als de deelgenoot, bedoeld in het eerste lid, heeft het recht om op te vragen:

a. indien hij ten hoogste tien jaren deelnemer was: de waarde van de totale spaarpremies, en

b. indien hij ten minste tien jaren deelnemer was: de waarde van de premievrije aanspraak.

Het tweede en derde lid zijn van overeenkomstige toepassing.

Artikel 25

De deelgenoot of deelnemer die bij het bereiken van de pensioenleeftijd een pensioenuitkering krijgt die minder bedraagt dan Afl. 50,- per maand, heeft het recht om:

a. het pensioenkapitaal in een lijfrente af te kopen tegen de actuariële waarde van het pensioenkapitaal;

b. een lijfrente aan te kopen in de vorm van een levenslange uitkering die naar keuze halfjaarlijks of jaarlijks wordt uitbetaald.

§10. Toezicht

Artikel 26

1. Met het toezicht op de naleving van het bij of krachtens deze landsverordening bepaalde zijn belast de daartoe bij landsbesluit aangewezen personen. Een zodanig landsbesluit wordt bekendgemaakt in de Landscourant van Aruba.

2. De krachtens het eerste lid aangewezen personen zijn, uitsluitend voor zover dat voor de vervulling van hun taak redelijkerwijze noodzakelijk is, bevoegd:

a. alle inlichtingen te vragen;

b. inzage te verlangen van alle zakelijke boeken, bescheiden en andere informatiedragers en daarvan afschrift te nemen of deze daartoe tijdelijk mee te nemen;

c. alle plaatsen, met uitzondering van woningen zonder de uitdrukkelijke toestemming van de bewoner, te betreden, vergezeld van door hen aangewezen personen;

d. woningen zonder de uitdrukkelijke toestemming van de bewoner ten aanzien waarvan een redelijk vermoeden bestaat dat deze een werkgever is, te betreden, vergezeld van door hen aangewezen personen.

3. Zo nodig, wordt de toegang tot een plaats of woning als bedoeld in het tweede lid, onderdelen c respectievelijk d, verschaft met behulp van de sterke arm.

4. Alvorens toepassing te geven aan de bevoegdheid, bedoeld in het tweede lid, onderdeel d, toont de toezichthouder een legitimatiebewijs, voorzien van een foto, en vraagt, zo mogelijk in een taal die betrokkene verstaat, onder mededeling van het doel van zijn komst, aan de bewoner toestemming om in de desbetreffende woning binnen te treden; indien die toestemming niet wordt gegeven, toont de toezichthouder een machtiging tot binnentreden van de rechter-commissaris, welke machtiging het adres van de woning en, zo mogelijk, de naam van de bewoner daarvan bevat, en verstrekt onmiddellijk een kopie daarvan aan de bewoner.

5. Bij landsbesluit, houdende algemene maatregelen, worden regels gesteld met betrekking tot de wijze van taakuitoefening van de krachtens het eerste lid aangewezen personen.

6. Een ieder verleent aan de krachtens het eerste lid aangewezen personen alle medewerking, die op grond van het tweede lid van hem wordt gevorderd.

§11. Bestuurlijke handhaving

Artikel 27

1. De Minister kan een last onder dwangsom opleggen ter zake van de niet-naleving van voorschriften, gesteld bij of krachtens de artikelen 3, 4, vierde lid, 5, 7, 9, 10, eerste lid, 12, eerste lid, 13 tot en met 17, 21, derde lid, 24, tweede en derde lid en 26, zesde lid. De Minister trekt de last in, indien de overtreding niet meer ongedaan gemaakt kan worden.

2. Ter zake van de in het eerste lid bedoelde feiten kan de Minister een bestuurlijke boete opleggen tot een bedrag van tweehonderdvijftigduizend florins per afzonderlijke overtreding.

3. De Minister stelt regels ten aanzien van de te volgen procedures bij de toepassing van de bevoegdheden, bedoeld in het eerste en tweede lid.

4. Bij landsbesluit, houdende algemene maatregelen, worden regels gesteld met betrekking tot de grondslagen voor de vaststelling van de hoogte van de last onder dwangsom en de bestuurlijke boete per overtreding. De overtredingen worden gerangschikt in categorieën naar zwaarte van de overtreding met de daarbij behorende basisbedragen, minimumbedragen en maximumbedragen.

5. Verbeurde dwangsommen en bestuurlijke boeten komen toe aan het Land.

Artikel 28

Degene jegens wie door de Minister een handeling is verricht, waaraan hij in redelijkheid de gevolgtrekking kon verbinden dat hem wegens een overtreding van het gestelde bij of krachtens deze landsverordening een bestuurlijke boete zal worden opgelegd, is niet verplicht ter zake daarvan enige verklaring af te leggen. Hij wordt hiervan in kennis gesteld, alvorens hem om informatie wordt gevraagd.

Artikel 29

1. De bestuurlijke boete is verschuldigd binnen zes weken na de dagtekening van de beschikking waarbij zij is opgelegd.

2. De bestuurlijke boete wordt, vermeerderd met de wettelijke rente, te rekenen vanaf de dag waarop sedert de bekendmaking van de beschikking zes weken zijn verstreken.

Artikel 30

1. De bevoegdheid een bestuurlijke boete op te leggen, vervalt:

a. indien ter zake van de overtreding een strafvervolging is ingesteld en het onderzoek ter terechtzitting een aanvang heeft genomen, dan wel het recht tot strafvordering is vervallen ingevolge artikel 76 van het Wetboek van Strafrecht van Aruba (AB 1991 no. GT 50);

b. drie jaren na de dag waarop de niet-naleving van het voorschrift is geconstateerd.

2. De termijn, bedoeld in het eerste lid, onderdeel b, wordt gestuit door een bekendmaking van de beschikking waarbij de bestuurlijke boete werd opgelegd.

Artikel 31

1. De Minister is bevoegd, met het oog op het feit ter zake waarvan de last onder dwangsom of de bestuurlijke boete is opgelegd, het overtreden voorschrift, alsmede de naam, het adres en de woonplaats van degene aan wie de bestuurlijke boete is opgelegd, ter openbare kennis te brengen.

2. De Minister kan regels vaststellen ter zake van de uitoefening van de bevoegdheid, bedoeld in het eerste lid.

3. De beschikking tot het ter openbare kennis brengen treedt in werking op de dag waarop het feit ter openbare kennis is gebracht, zonder dat de werking voor de duur van de beroepstermijn of, indien beroep is ingesteld, van het beroep wordt opgeschort, indien van de betrokkene geen adres bekend is en het adres ook niet met een redelijke inspanning kan worden verkregen.

Artikel 32

De Minister houdt aantekening van de handelingen die in het kader van een onderzoek, voorafgaand aan het opleggen van een bestuurlijke boete, hebben plaatsgevonden onder vermelding van de personen die die handelingen hebben verricht.

Artikel 33

1. Indien een verbeurde dwangsom of boete niet is betaald binnen de door de Minister bepaalde termijn, worden de overtreders schriftelijk aangemaand om binnen twee weken alsnog het bedrag van de dwangsom of de boete, verhoogd met de kosten van de aanmaning, te betalen.

2. Bij gebreke van betaling kan door de Minister van de overtreder het bedrag en de kosten, bedoeld in het eerste lid, verhoogd met de invorderingskosten, door middel van een dwangbevel worden ingevorderd.

3. De bekendmaking van het dwangbevel geschiedt door middel van betekening van een exploot als bedoeld in het Wetboek van Burgerlijke Rechtsvordering van Aruba en levert een executoriale titel op, die met toepassing van de voorschriften van dat wetboek kan worden tenuitvoergelegd.

4. Het dwangbevel vermeldt in ieder geval:

a. aan het hoofd het woord dwangbevel;

b. het bedrag van de invorderbare hoofdsom, vermeerderd met de verschuldigde wettelijke rente;

c. het wettelijk voorschrift waaruit de verschuldigde geldsom voorvloeit;

d. de kosten van de aanmaning en van het dwangbevel;

e. dat het op kosten van de overtreder ten uitvoer kan worden uitgebracht.

5. Gedurende zes weken na de dag van betekening van het exploot staat tegen het dwangbevel verzet open. Verzet wordt aanhangig gemaakt tegen de Minister bij het gerecht in eerste aanleg en op de voor het indienen van vorderingen bepaalde wijze. Het verzet, mits tijdig en op de voorgeschreven wijze gedaan, schorst de tenuitvoerlegging van het dwangbevel.

§12. Overgangs- en slotbepalingen

Artikel 34

1. In afwijking van artikel 5, eerste respectievelijk tweede lid, bedraagt het minimale premiepercentage:

a. vanaf 1 januari 2012 tot en met 31 december 2012: 2%, respectievelijk 3, 33%;

b. vanaf 1 januari 2013 tot en met 31 december 2013: 4%, respectievelijk 6,67%.

2. In afwijking van artikel 5, derde lid, bedraagt het minimale opbouwpercentage:

a. vanaf 1 januari 2012 tot en met 31 december 2012: 0,33%;

b. vanaf 1 januari 2013 tot en met 31 december 2013: 0,67%.

3. Bij landsbesluit, houdende algemene maatregelen, de Sociaal Economische Raad gehoord, kan worden bepaald dat de verhoging van het minimale percentage van de premie, bedoeld in het eerste lid, onderdeel b, en het tweede lid, onderdeel b, op 1 januari 2014 ingaat.

Artikel 35

1. Deze landsverordening treedt in werking op 1 januari 2012, met uitzondering van artikel 4, vierde lid, dat op 1 januari 2013 in werking treedt.

2. Zij kan worden aangehaald als Landsverordening algemeen pensioen.

Landsverordening bestuurlijke handhaving arbeidswetgeving

Vindplaats:

AB 2013, 20

§1. Definities

Artikel 1

In deze landsverordening en de daarop berustende bepalingen wordt verstaan onder:

de Minister: de minister, belast met arbeid;

overtreding: een gedraging die in strijd is met het bepaalde bij of krachtens de:

- Arbeidsverordening 2013;
- Landsverordening minimumlonen (AB 1989 no. GT 26);
- Landsverordening beëindiging arbeidsovereenkomsten (AB 1989 no. GT14);
- Vakantieverordening (AB 1993 GT no. 11);
- Landsverordening tot inschrijving van de arbeidskrachten (AB 1994 no. GT 8);
- Cessantiaverordening (AB 1998 no. GT 18);
- Landsverordening terbeschikkingstelling arbeidskrachten;
- Veiligheidsverordening (AB 1990 no. GT 31);

overtreder: degene die de overtreding pleegt of medepleegt;

toezichthouder: een persoon als bedoeld in artikel 2, eerste lid.

§2. Toezicht

Artikel 2

1. Met het toezicht op de naleving van het bepaalde bij of krachtens de in artikel 1 genoemde landsverordeningen zijn belast de daartoe bij landsbesluit aangewezen personen. Een zodanig landsbesluit wordt bekendgemaakt in de Landscourant van Aruba.

2. De krachtens het eerste lid aangewezen personen zijn, uitsluitend voor zover dat voor de vervulling van hun taak redelijkerwijze noodzakelijk is, bevoegd:

a. alle inlichtingen te vragen:

b. inzage te verlangen van alle zakelijke boeken, bescheiden en andere informatiedragers en daarvan afschrift te nemen of kopie te maken of deze daartoe tijdelijk mee te nemen;

c. alle plaatsen, met uitzondering van woningen zonder de uitdrukkelijke toestemming van de bewoner, te betreden, vergezeld van door hen aangewezen personen;

d. woningen zonder de uitdrukkelijke toestemming van de bewoner ten aanzien waarvan een redelijk vermoeden bestaat dat deze een werkgever is, te betreden, vergezeld van door hen aangewezen personen.

3. Zo nodig, wordt de toegang tot een plaats of woning als bedoeld in het tweede lid, onderdelen c respectievelijk d, verschaft met behulp van de sterke arm.

4. Alvorens toepassing te geven aan de bevoegdheid, bedoeld in het tweede lid, onderdeel d, toont de toezichthouder een legitimatiebewijs, voorzien van een foto, en vraagt, zo mogelijk in een taal die betrokkene verstaat, onder mededeling van het doel van zijn komst, aan de bewoner toestemming om in de desbetreffende woning binnen te treden; indien die toestemming niet wordt gegeven, toont de toezichthouder een machtiging tot binnentreden van de rechter-commissaris, welke machtiging het adres van de woning en, zo mogelijk, de naam van de bewoner daarvan bevat, en verstrekt onmiddellijk een kopie daarvan aan de bewoner.

5. De wijze van taakuitoefening van de krachtens het eerste lid aangewezen personen geschiedt conform de voorschriften van het Landsbesluit algemene bepalingen toezichtuitoefening (AB 1998 no. 70) of het landsbesluit dat dit vervangt.

6. Een ieder verleent aan de krachtens het eerste lid aangewezen personen alle medewerking, die op grond van het tweede lid van hem wordt gevorderd.

§3. Last onder dwangsom en bestuurlijke boete

Artikel 3

1. De Minister kan een last onder dwangsom opleggen ter zake van een overtreding. De Minister trekt de last in, indien de overtreding niet meer ongedaan gemaakt kan worden.

2. Ter zake van de in het eerste lid bedoelde overtredingen kan de Minister ook een bestuurlijke boete opleggen tot een bedrag van tweehonderdvijftigduizend florins per afzonderlijke overtreding.

3. Overtredingen kunnen zowel door natuurlijke- of rechtspersonen worden begaan.

4. Bij landsbesluit, houdende algemene maatregelen, worden regels gesteld ten aanzien:

a. de te volgen procedures bij de toepassing van de bevoegdheden, bedoeld in het eerste en tweede lid;

b. de grondslagen voor de vaststelling van de hoogte van de last onder dwangsom en de bestuurlijke boete per overtreding, alsmede de vermelding van bepaalde gegevens van de overtreder bij de toepassing van de last onder dwangsom, de bestuurlijke boete en de last tot stillegging van werk; de overtredingen worden gerangschikt in categorieën naar zwaarte van de overtreding met de daarbij behorende basisbedragen, minimumbedragen en maximumbedragen.

5. Verbeurde dwangsommen en bestuurlijke boeten komen toe aan het Land.

Artikel 4

1. Indien tijdens het plegen van een overtreding nog geen vijf jaren zijn verlopen sedert het opleggen van een bstuurlijke boete aan de overtreder ter zake van eenzelfde overtreding, wordt het bedrag van de bestuurlijke boete, bedoeld in artikel 3, tweede lid, voor elke afzonderlijke overtreding verdubbeld.

2. In afwijking van artikel 3, tweede lid, kan de Minister de hoogte van de bestuurlijke boete vaststellen op ten hoogste twee keer het bedrag van het voordeel dat de overtreder door de overtreding heeft verkregen indien diens voordeel groter is dan Afl. 500.000,-.

Artikel 5

1. Indien de Minister voornemens is een bestuurlijke boete op te leggen, geeft hij de betrokkene daarvan kennis onder vermelding van de gronden waarop het voornemen berust. De Minister zendt een kopie van de kennisgeving naar het Openbare Ministerie.

2. De Minister stelt de betrokkene in de gelegenheid om binnen een redelijke termijn naar keuze schriftelijk of mondeling zijn zienswijze naar voren te brengen voordat de bestuurlijke boete bij beschikking wordt opgelegd.

3. Indien de Minister nadat de betrokkene zijn zienswijze naar voren heeft gebracht, beslist dat voor de overtreding geen bestuurlijke boete zal worden opgelegd, wordt dit schriftelijk aan de betrokkene medegedeeld.

Artikel 6

Degene jegens wie door de Minister een handeling is vericht, waaraan hij in redelijkheid de gevolgtrekking kon verbinden dat hem wegens een overtreding een bestuurlijke boete zal worden opgelegd, is niet verplicht ter zake daarvan enige verklaring af te leggen. Hij wordt hiervan in kennis gesteld, alvorens hem om informatie wordt gevraagd.

Artikel 7

1. De bestuurlijke boete is verschuldigd binnen zes weken na de dagtekening van de beschikking waarbij zij is opgelegd.

2. De bestuurlijke boete wordt vermeerderd met de wettelijke rente, te rekenen vanaf de dag waarop sedert de bekendmaking van de beschikking zes weken zijn verstreken.

Artikel 8

1. De bevoegdheid een bestuurlijke boete op te leggen, vervalt:

a. indien ter zake van de overtreding een strafvervolging is ingesteld en het onderzoek ter terechtzitting een aanvang heeft genomen, dan wel het recht tot strafvordering is vervallen ingevolge de artikelen I.143, I.144 en I.145 van het Wetboek van Strafrecht van Aruba (AB 2011 no. 24);

b. drie jaren na de dag waarop de niet-naleving van het voorschrift is geconstateerd.

2. De termijn, bedoeld in het eerste lid, onderdeel b, wordt gestuit door een bekendmaking van de beschikking waarbij de bestuurlijke boete werd opgelegd.

3. Tussen de Minister en het Openbaar Ministerie vindt periodiek overleg plaats over de geconstateerde overtredingen.

4. De Minister kan op verzoek van de overtreder een last onder dwangsom opheffen, de looptijd ervan voor een bepaalde termijn opschorten of de dwangsom verminderen in geval van blijvende of tijdelijke gehele of gedeeltelijke onmogelijkheid voor de overtreder om aan zijn verplichtingen te voldoen.

5. De Minister kan voorts op verzoek van een overtreder een last onder dwangsom opheffen, indien de beschikking een jaar van kracht is geweest zonder dat de dwangsom is verbeurd.

Artikel 9

De Minister houdt aantekening van de handelingen die in het kader van een onderzoek, voorafgaand aan het opleggen van een bestuurlijke boete, hebben plaatsgevonden onder vermelding van de personen die die handelingen hebben verricht.

Artikel 10

1. Indien een verbeurde dwangsom of boete niet is betaald binnen de door de Minister bepaalde termijn, wordt de overtreder schriftelijk aangemaand om binnen twee weken alsnog het bedrag van de dwangsom of de boete, verhoogd met de kosten van de aanmaning, te betalen.

2. Bij gebreke van betaling kan door de Minister van de overtreder het bedrag en de kosten, bedoeld in het eerste lid, verhoogd met de invorderingskosten, door middel van een dwangbevel worden ingevorderd.

3. De bekendmaking van het dwangbevel geschiedt door middel van betekening van een exploot als bedoeld in het Wetboek van Burgerlijke Rechtsvordering van Aruba en levert een executoriale titel op, die met toepassing van de voorschriften van dat wetboek kan worden tenuitvoergelegd.

4. Het dwangbevel vermeldt in ieder geval:

a. aan het hoofd het woord dwangbevel;

b. het bedrag van de invorderbare hoofdsom, vermeerderd met de verschuldigde wettelijke rente;

c. het wettelijke voorschrift waaruit de verschuldigde geldsom voorvloeit;

d. de kosten van de aanmaning en van het dwangbevel;

e. dat het op kosten van de overtreder ten uitvoer kan worden uitgebracht.

5. Gedurende zes weken na de dag van betekening van het exploot staat tegen het dwangbevel verzet open. Verzet wordt aanhangig gemaakt tegen de Minister bij het gerecht in eerste aanleg en op de voor het indienen van vorderingen bepaalde wijze. Het verzet, mist tijdig en op de voorgeschreven wijze gedaan, schorst de tenuitvoerlegging van het dwangbevel.

§4. Stilleggen van werk

Artikel 11

1. Onverminderd artikel 1, eerste en tweede lid, kan de Minister een last aan de overtreder opleggen om binnen een door hem te bepalen periode de overtreding van de artikelen 8, 19 of 20 van de Arbeidsverordening 2013 ongedaan te maken.

2. Indien de overtreder niet binnen de periode, bedoeld in het eerste lid, voldoet aan de last, bedoeld in dat lid, kan de Minister het stilleggen van werk bevelen, waarop de overtreding betrekking heeft.

3. De stillegging, bedoeld in het eerste lid, geschiedt voor een periode van ten hoogste 72 uur en kan aansluitend één keer voor ten hoogste dezelfde periode worden verlengd.

§5. Overgang- en slotbepaling

Artikel 12

Op het tijdstip, bedoeld in artikel 17, eerste lid, vervallen:

a. artikel 13a van de Landsverordening minimumlonen (AB 1989 no. GT 26);

b. artikel 7a van de Landsverordening beëindiging arbeidsovereenkomsten (AB 1989 no. GT 14);

d. artikel 16a van de Vakantieverordening (AB 1993 GT no. 11);

e. artikel 9a van de Landsverordening tot inschrijving van arbeidskrachten (AB 1994 no. GT 8);

f. artikel 12a van de Cessantiaverordening (AB 1998 no. GT 18);

g. artikel 4b van de Veiligheidsverordening (AB 1990 no. GT 31).

Artikel 13

Vanaf het tijdstip, bedoeld in artikel 17 eerste lid, berust de aanwijzing van de desbetreffende ambtenaren als toezichthouder in de zin van de artikelen 13a, eerste lid, van de Landsverordening minimumlonen (AB 1989 no. GT 26), 7a, eerste lid, van de Landsverordening beëindiging arbeidsovereenkomsten (AB 1989 no. GT 14), 16a, eerste lid, van de Vakantieverordening (AB 1993 GT no. 11), 9a, eerste lid, van de Landsverordening tot inschrijving van arbeidskrachten (AB 1994 no. GT8), artikel 12a, eeste lid, van de Cessantiaverordening (AB 1998 no. GT 18) en artikel 4b, eerste lid, van de Veiligheidsverordening (AB 1990 no. GT 31) op artikel 2, eerste lid.

Artikel 14

Artikel 15, eerste lid, van de Landsverordening terbeschikkingstelling arbeidskrachten komt te luiden:

1. De Deze landsverordening treedt in werking op 1 april 2013, met uitzondering van artikel 5 dat in werking treedt op een bij landsbesluit te bepalen tijdstip, welk zich op of na 1 juli 2013 bevindt.

Artikel 15

De Arbeidsverordening 2013 wordt gewijzigd als volgt:

A. in artikel 8, vijfde lid, vervalt de zinsnede ", dan wel indien in een onderneming, waar geen collectieve regeling van toepassing is, ten minste 60% van het totaal aantal werknemers van die onderneming, schriftelijk instemt met een dergelijke afwijking";

B. in artikel 36, tweede lid, wordt "Casinobesluit (AB 1991 GT no. 15)" vervangen door: Arbeidsbesluit Casino (AB 1990 no. GT 15).

Artikel 16

In Boek 7A, Zevende Titel A, van het Burgerlijk Wetboek van Aruba (AB 1989 no. GT 100) worden de navolgende wijzigingen aangebracht:

A. vóór het bepaalde in artikel 1613h wordt het nummer "1." geplaatst en vervalt in die bepaling het woord "schriftelijk";

B. na artikel 1613h, eerste lid, wordt een tweede lid toegevoegd luidende:

2. Een beding dat de werkgever de bevoegdheid geeft de overeengekomen arbeidsomvang te verminderen, is nietig.

C. in artikel 1615f, vierde lid, worden de woorden "laatste zinsnede" vervangen door: eerste deelzin.

Artikel 17

1. Deze landsverordening treedt in werking met ingang van 1 april 2013.

2. Zij kan worden aangehaald als Landsverordening bestuurlijke handhaving arbeidswetgeving.

Bio C. Bryan A. Coffie

mr. Bryan Coffie is toegelaten tot de balie van Aruba, Curaçao, Sint Maarten en de BES-eilanden. Hij is meester in de rechten en heeft zijn doctoraal op Aruba gehaald. Hij is senior medewerker bij Gomez & Bikker Advocaten.

Naast de algemene rechtspraktijk praktiseert mr. Coffie voornamelijk op het gebied van Ondernemingsrecht, Procesrecht, Bestuursrecht en Arbeidsrecht. mr. Coffie is actief als docent op het gebied van Aikido en is bestuurslid van SKOA. Hij is getrouwd met Tania.

Gomez & Bikker

www.gobiklaw.com

Bio Lincoln D. Gomez

mr. Lincoln Gomez is toegelaten tot de balie van Aruba, Curacao, Sint Maarten en de BES-eilanden. Hij is naast meester in de rechten ook bachelor in de natuurwetenschappen. Hij heeft ook een Amerikaanse LL.M. op het gebied van international fiscaalrecht en finaciele dienstverlening. Hij is auteur op het gebied van ondernemingsrecht en uitgever/redacteur van verschillende rechtswetenschappelijke boeken.

Per 1 januari 2013 is hij Deken van de Orde van Advocaten van Aruba.

Naast de algemene rechtspraktijk praktiseert mr. Gomez voornamelijk op het gebied van Ondernemingsrecht, Luchtvaartrecht Financiering en Arbeidsrecht. Gomez is tevens sociaal-maatschappelijk actief. Hij is getrouwd met Gigi en is de vader van Gavril (7) en Gavin (6).

Gomez & Bikker

www.gobiklaw.com

www.lincolngomez.com

Eerder verschenen

1. Arubaanse arbeidswetgeving en aanverwante regelingen, 1998

2. Arubaanse arbeidswetgeving en aanverwante regelingen, 2001

3. Burgerlijk Wetboek van Aruba, 2003

4. Gedenkboek 50 Jaar Statuut een Koninkrijksbundel, 2005

5. Liber Amicorum Gouverneur mr. Olindo Koolman, 2005

6. Series Arubaans Ondernemingsrecht mr. L.D. Gomez. De Arubaanse Vennootschap met Beperkte Aansprakelijkheid, 2009

7. Handboek voor de Staten en Ministers van Aruba, 2009

www.ingramcontent.com/pod-product-compliance
Lightning Source LLC
LaVergne TN
LVHW090222051026
849517LV00001B/163
* 9 7 8 9 9 9 0 4 1 7 5 6 2 *